Lorraine Stein

Wie der Islamische Staat soziale Medien zur Rekrutierung nutzt

Über Twitter ins Kalifat

Bibliografische Information der Deutschen Nationalbibliothek:

Die Deutsche Nationalbibliothek verzeichnet diese Publikation in der Deutschen Nationalbibliografie; detaillierte bibliografische Daten sind im Internet über http://dnb.d-nb.de abrufbar.

Impressum:

Copyright © Studylab 2021

Ein Imprint der GRIN Publishing GmbH, München

Druck und Bindung: Books on Demand GmbH, Norderstedt, Germany

Coverbild: GRIN Publishing GmbH | Freepik.com | Flaticon.com | ei8htz

Inhaltsverzeichnis

1 Einleitung 1

2 Methodik 4

2.1 Das Radikalisierungsmodell nach Wiktorowicz 4

2.2 Der Framingansatz nach Benford und Snow und dessen Anwendung auf die Internetpropaganda des Islamischen Staates durch Simon Theine 7

2.3 Datenmaterial 12

3 Die Inhalte der Beiträge des Islamischen Staates 14

3.1 Feindbilder und Opferrolle der Muslime 14

3.2 Die Darstellung des IS als Kalifat mit staatlichen Strukturen 20

3.3 Präsentation des Erfolgs und Aufforderung zur Unterstützung 27

4 Verbreitungsstrategien über Soziale Medien 32

4.1 Die Nutzung verschlüsselter und unverschlüsselter Plattformen 32

4.2 Account-Promotion, Backup-Accounts und Social Bots auf Twitter 36

4.3 Hashtags und Hashtag-Hijacking 39

4.4 *The Dawn of Glad Tidings* - Die App des Islamischen Staates 42

5 Schluss 45

Literaturverzeichnis 48

Anhang 52

1 Einleitung

Der selbsternannte „Islamische Staat"[1] hat nach der Ausrufung des Kalifats eine unvorstellbar hohe globale Aufmerksamkeit erlangt. Die Nachrichten wurden von Bildern und Videos der Organisation dominiert, welche meist mit Gewalttaten und Drohungen gegen die westlichen Länder und ihre Verbündeten für Entsetzen sorgten. Diese bezeugen jedoch nur eine Seite der Propaganda, welche der IS über seine Medienkanäle verbreitet. Denn mit der Ausrufung des Kalifats wurde deutlich, dass er sich nicht nur mit der Terrorisierung seiner Gegner zufrieden gab, sondern sich auch als eigenständiger Staat behaupten wollte, was zur Folge hatte, dass ein weiterer Aspekt der Propagandainhalte in den Vordergrund rückte: Die Rekrutierung junger Muslime auf der ganzen Welt, die sich in ihren Heimatländern von der Gesellschaft ausgeschlossen fühlen und sich nach einem einfachen, klar strukturierten Leben unter Gleichgesinnten sehnen. Mit eben diesen Attributen warb die Organisation für ihr Kalifat und hatte, wie die vergangenen Jahre gezeigt haben, zumindest temporär Erfolg. Das belegen die Zahlen zum Beispiel zu Ausreisen aus Deutschland in Richtung Syrien und Irak (siehe Anhang 1). Bis Ende 2014 waren es noch 550 Ausreisende aus Deutschland, ein Jahr später nochmals über 200 Personen mehr. Es ist schwer nachzuvollziehen, was diese jungen Menschen dazu antreibt, in ein Kriegsgebiet zu reisen, in dem eine Terrororganisation herrscht, deren Gräueltaten jeden Tag in den Nachrichten zu sehen sind. Um diese Problematik zu untersuchen, muss ein wichtiger Faktor miteinbezogen werden, welcher sowohl für den Islamischen Staat als auch für die potenziellen Rekruten eine enorm hohe Bedeutung gewonnen hat, nämlich die sozialen Medien. Durch sie können geographische Grenzen überwunden werden und die Einfachheit ihrer Bedienung sowie der kostenlose Zugang machen sie zu einem attraktiven Werkzeug für die Propagandaverbreitung des Islamischen Staates.

Diese Arbeit befasst sich mit der Fragestellung, wie es dem Islamischen Staat gelingt, über die sozialen Medien junge Muslime als neue Bewohner für sein Kalifat zu rekrutieren, um die staatlichen Strukturen in seinem Herrschaftsgebiet zu festigen. Der Fokus liegt hierbei nicht auf den gewaltverherrlichenden Beiträgen in den sozialen Netzwerken, sondern vor allem auf denjenigen Inhalten und Strate-

---

[1] Die Bezeichnung als „Islamischer Staat" ist die Übersetzung der Eigenbezeichnung der Organisation (arabisch دولة إسلامية, *dawla 'islāmiyya'*). In dieser Arbeit soll dieser Terminus verwendet werden oder die Abkürzung ‚IS'.

gien, die das Gemeinschaftsgefühl stärken und für Jugendliche, die sich nicht mit der Gesellschaft ihres Heimatlandes identifizieren können, von Bedeutung sind.

Um diese Fragestellung beantworten zu können, stützt sich diese Arbeit auf verschiedene Theorien zur Radikalisierungsforschung, welche im Methodikteil präsentiert werden. Hierzu gehören das Radikalisierungsmodell nach Wiktorowicz[2] sowie der Framing-Ansatz nach Benford und Snow[3] und dessen Anwendung auf die Internetpropaganda des Islamischen Staates durch Theine.[4] Anschließend sollen die wichtigsten für diese Arbeit genutzten Quellen vorgestellt werden, wozu neben den Primärquellen auch die statistische Studie von Berger und Morgan[5] gehört, die umfassende Ergebnisse zur Twitter-Nutzung der IS-Unterstützer liefert. Das dritte Kapitel soll die verschiedenen Narrativen, die die Terrororganisation in seiner Propaganda entwickelt, veranschaulichen und mit Bezug auf die Framing-Theorie und das Radikalisierungsmodell analysieren. Auf die Untersuchung der Inhalte folgt dann im vierten Kapitel die Ausmachung der verschiedenen Online-Strategien, die für den Islamischen Staat unverzichtbar sind, wenn er eine effiziente und weitreichende Rekrutierung über die sozialen Netzwerke anstrebt. Hierbei wird ebenfalls versucht, die genannten Modelle zur Radikalisierungsforschung in die Untersuchung der Vorgehensweise des IS bei der Online-Rekrutierung miteinzubeziehen. Im Fazit werden die Ergebnisse zusammengetragen und im Hinblick auf die Beantwortung der Fragestellung dieses Themas überprüft.

Neben der genannten Literatur zu den verschiedenen Theorien und Quellen gibt es noch eine Vielzahl weiterer Abhandlungen, die sich mit dem Online-Verhalten der IS-Unterstützer auseinander setzen. Das Thema ist hoch aktuell und für viele fachliche Bereiche von Bedeutung, weshalb der Forschungsstand sehr umfassend ist. Viele Autoren haben sich mit der Frage beschäftigt, wie die Propaganda des Islamischen Staates aussieht und welche Bedeutung sie für die Rekrutierung hat.

---

[2] Wiktorowicz, Quintan (2004): Joining the Cause. Al-Muhajiroun and Radical Islam. Paper presented at "The Roots of Islamic Radicalism" Conference, Yale University.
[3] Benford, Robert D.; Snow, David A. (2000): Framing Processes and Social Movements. An Overview and Assessment. In: Annual Review of Sociology. Vol. 26, S. 611-639.
[4] Theine, Simon (2016): Die Rekrutierungsstrategie des IS. Welcher Inhalte und Techniken sich der Islamische Staat im Internet bedient. Marburg.
[5] Berger, J. M.; Morgan, Jonathan (2015): The ISIS Twitter Census. Defining and Describing the Population of ISIS Supporters on Twitter. In: The Brookings Project on US Relations with the Islamic World, Vol. 3, Nr. 20

So zum Beispiel Aaron Zelin[6], der in einer seiner Abhandlungen die medialen Veröffentlichungen des IS innerhalb eines sehr kurzen Zeitraums von einer Woche herausstellt und sie auf die Häufigkeit der verschiedenen Narrativen der IS-Propaganda untersucht. Seine Untersuchungen stellen ein dezentralisiertes Mediensystem der Organisation fest, ebenso die Vielfalt der Propagandainhalte, die insbesondere die Rekrutierung neuer Mitglieder bewirken sollen. Auch Kiefer u.a.[7] befassen sich mit den Inhalten, wobei sie sich hierfür auf die beiden Onlinemagazine *Dābiq* und *Rumiyah* beschränken. Sie kommen hierbei zu dem Schluss, dass die in den Medien als überrepräsentiert dargestellten Gewaltbeiträge des IS nicht zwingend das dominierende Thema in der Propaganda sind, sondern dass es viele weitere Narrativen gibt, mit Hilfe derer die Terrororganisation neue Rekruten anwirbt und sich als Staat zu etablieren versucht. Andere Forschungsbeiträge zum Online-Verhalten der IS-Unterstützer fokussieren sich auf bestimmte Komponenten der sozialen Netzwerke, die ebenfalls als Werkzeuge der Rekrutierung junger Muslime dienen sollen. Als Beispiel sei hier die Abhandlung Weirmans und Alexanders genannt, die sich auf die Untersuchung der Implementierung von URLs (Uniform Resource Locator) in den IS bezogenen Beiträgen auf Twitter konzentriert haben.[8] Hierbei stellten sie fest, dass durch das URL-Sharing Account- und Beitragssperrungen umgangen werden konnten, was die Propagandaverbreitung noch effizienter werden ließ. Der Forschungsstand zeigt, dass das Online-Verhalten des Islamischen Staates und seiner Unterstützer bereits in vielen verschiedenen Facetten untersucht wurde. Die Notwendigkeit, der Gefahr, die sich durch die Propaganda des IS in den sozialen Netzwerken ergibt, entgegenzuwirken, hat dazu geführt, dass die Erforschung seiner Inhalte und Strategien sehr stark vorangetrieben wurde, da sie ebenfalls einen Beitrag dazu leisten können, Gegenmaßnahmen zu entwickeln, um den IS in der Verbreitung seiner Materialien und somit in seinen Rekrutierungsversuchen zu schwächen.

---

[6] Zelin, Aaron Y. (2015): Picture or it Didn't Happen. A Snapshot of the Islamic State's Official Media Output. In: Perspectives on Terrorism. Vol. 9, Nr. 4, S. 85-97.

[7] Kiefer u.a. (Winter 2016/2017): Westliche Jugendliche im Bann des Islamischen Staates. Radikalisierende Inhalte der IS-Propaganda am Beispiel der Onlinemagazine Dabiq und Rumiyah. In: Journal for Deradicalisation. Vol.9, S. 149.

[8] Weirman, Samantha, Alexander, Audrey (2018): Hyperlinked Sympathizers: URLs and the Islamic State, Studies in Conflict & Terrorism. DOI: 10.1080/1057610X.2018.1457204 (abgerufen am 05. September 2019).

2 Methodik

Um den Rekrutierungsprozess nachvollziehen zu können, ist es wichtig, ihn sowohl aus der Sicht des Rekruten als auch aus der Sicht des Rekrutierenden zu beleuchten. In diesem Kapitel werden nun zuerst die theoretischen Grundlagen zur Analyse der Rekrutierungsabläufe präsentiert. Zu diesen gehört das bereits erwähnte Radikalisierungsmodell nach Wiktorowicz, das aufzeigt, welche Phasen ein Individuum durchläuft, bis es die radikalen Ansichten einer extremistischen Gruppe vollständig übernommen hat.

Als zweiter Schritt wird die Framing-Theorie nach Benford und Snow vorgestellt, die einen Einblick in die verschiedenen Inhalte und Prozesse bei der Rekrutierung geben soll. Angewandt auf eine extremistische Organisation wie den Islamischen Staat kann diese Theorie dabei helfen, Aufschluss darüber zu geben, mit welchen Mitteln radikale Gruppen arbeiten, um die Reichweite ihrer Propaganda zu vergrößern und mehr positive Resonanz bei potenziellen Rekruten zu erzeugen. Diesen Versuch unternimmt Simon Theine, dessen Untersuchungen in diesem Kapitel ebenfalls vorgestellt werden sollen. Die Relevanz für diese Arbeit resultiert daraus, dass Theine die vom Islamischen Staat im Internet verbreiteten Inhalte anhand der Frameanalyse nach Benford und Snow auf ihren Zweck und ihre Prozessentwicklungen untersucht. Diese Form der Analyse soll in dieser Arbeit unter anderen Gesichtspunkten angewandt werden, indem speziell die Inhalte der Propaganda ausgewählt werden, die das Ziel haben, Menschen zu rekrutieren, damit sie im Kalifat leben und es weiter ausbauen.

2.1 Das Radikalisierungsmodell nach Wiktorowicz

Das im Folgenden vorgestellte Radikalisierungsmodell nach Wiktorowicz[9] wurde ausgewählt aufgrund der Tatsache, dass es eine Analyse des Rekrutierungsprozesses unter Miteinbeziehung des Internets und allen voran der sozialen Medien als Radikalisierungsfaktor ermöglicht. Es beschreibt die einzelnen Phasen der Radikalisierung, die ein Individuum durchläuft, ganz allgemein und macht so deutlich, dass der Radikalisierungsprozess unabhängig von der extremistischen Ausrichtung der Gruppe, der sich ein Individuum annähert, in seinen Grundzügen ähnlich verlaufen kann. Auf die heutige Zeit bezogen können über Soziale Medien

---

[9] Wiktorowicz (2004).

die Beziehungen, die ein Individuum im Verlauf der Radikalisierung zu einer Gruppe aufbaut, zum Teil in die virtuelle Welt verschoben werden und haben dadurch ähnlichen Einfluss auf den Rekrutierungsprozess wie reale Beziehungen, was in den nächsten Kapiteln noch genauer untersucht werden soll.

Wiktorowicz unterteilt den Radikalisierungsprozess in vier Phasen. In der ersten Phase erlebt das Individuum ein „cognitive opening" [10], in der eine Lebenskrise dazu führen kann, dass bestimmte Aspekte, Sicht- oder Denkweisen im bisherigen Leben der Person hinterfragt werden. Als mögliche Ursachen für diese Krise nennt Wiktorowicz beispielsweise den Verlust eines Jobs, Diskriminierung und Rassismus, den Tod einer nahestehenden Person oder politische Repressalien.[11] An dieser Stelle kann eine Gruppe oder eine Bewegung auftreten, die alternative Denkansätze und Lebensweisen bietet und somit den Einstieg in die Radikalisierung fördert. Dies geschieht durch Involvierung des potenziellen Rekruten in Diskussionen in sozialen Netzwerken, durch schockierende Plakate oder ähnliches, die die Aufmerksamkeit auf den Aktionsraum der Bewegung richten sollen, wobei die radikalen Interessen der Gruppe anfangs oftmals verdeckt sind.[12] In der ersten Phase geht es vor allem darum, eine Beziehung zum Individuum herzustellen und sein Vertrauen zu gewinnen, sodass einem eventuellen Rückzug zu Beginn der Indoktrinierung bereits in der ersten Phase entgegengewirkt wird.

Die zweite Phase der Radikalisierung umfasst die Suche nach einer wahren Identität oder einer Religion, mit der die eigene Identität assimiliert wird, was nach Wiktorowicz meist dadurch begünstigt wird, wenn Religion schon vor Beginn der Radikalisierung einen gewissen Stellenwert im Leben des Individuums hatte.[13] Die religiöse Suche kann entweder vom Individuum selbst ausgehen, indem es sich eigenständig Informationen beschafft und sich so mit der Religion aus verschiedenen Blickwinkeln auseinandersetzt. Oder die Informationen werden von der Gruppe zur Verfügung gestellt, wobei darauf geachtet wird, dass ausschließlich die Sichtweisen der eigenen Anhängerschaft repräsentiert werden, sodass kritische Auseinandersetzungen mit der Thematik erschwert werden.[14] Diese

---

[10] Ebd., S 7.
[11] Vgl. ebd., S. 7f.
[12] Vgl. ebd., S. 8.
[13] Vgl. ebd.
[14] Vgl. ebd., S. 9.

Strategie kann die Radikalisierung begünstigen, da dem Individuum dabei kein Interpretationsspielraum gelassen wird. Der einzige Input ist der, welchen die Gruppe gibt.

Hier lässt sich ein fließender Übergang in die dritte Phase der Radikalisierung erkennen: Das „*frame alignment*"[15]. Wiktorowicz setzt hierbei voraus, dass das Individuum anfangs möglicherweise wenige oder keine tiefer gehenden Kenntnisse über die Religion habe, und daher zunächst diejenigen Elemente adaptiere, die für ihn selbst plausibel und für das eigene Leben förderlich wirken.[16] Das in Phase eins erlangte Vertrauen zur Gruppe ist hierbei für diese nützlich, da sie so dem potenziellen Rekruten vor allem die Aspekte ihrer Auslegung aufzeigen kann, die relevant sind für die Bewältigung der Lebenskrise.

Auf das *frame alignment* folgen die Sozialisierung und der vollständige Beitritt in die Gruppe, was zugleich den letzten Schritt der Radikalisierung nach dem Modell von Wiktorowicz markiert. Erkennt das Individuum die Sichtweisen der Gruppe an, beginnt es von selbst, sich mehr in ihre Aktivitäten einzubringen und wird somit letztendlich an die Ideologie der Gruppe herangeführt. Durch die gemeinsamen Aktionen werden auch die sozialen Bindungen zu der Gruppe gestärkt, was den finalen Beitritt zur Bewegung nur noch zur Formsache macht.[17] Nach Wiktorowicz bieten viele Gruppen Fortbildungsmöglichkeiten an, die ein Individuum dahingehend ausbilden, dass es ein eigenes Netzwerk mit eigenen Rekruten aufbauen kann.[18] Die Besonderheit dieser Aufgabe als Rekrutierender stärkt das Gefühl der Anerkennung innerhalb der Gruppe, so dass diese nicht nur ihr Fortbestehen sichern kann, sondern auch ihre Ausweitung.

Das Radikalisierungsmodell nach Wiktorowicz bezieht sich vor allem auf die sozialen Bindungen, die zwischen Individuum und Gruppe aufgebaut werden. Dieser Aspekt macht das Modell für diese Arbeit zu einem wichtigen Element, da die sozialen Medien die Beziehungen in eine virtuelle Welt verlegen und somit geographische Grenzen überwinden. Die Rekrutierung ist nicht mehr auf ein bestimmtes Umfeld beschränkt, sondern kann mit einer Entfernung von Tausenden von Kilometern stattfinden, wie es das Beispiel des Islamischen Staates in den letzten Jah-

---

[15] Ebd.
[16] Vgl. ebd., S. 9f.
[17] Vgl. ebd., S. 10
[18] Vgl. ebd., S. 11.

ren gezeigt hat. Auch wenn der Entstehungszeitpunkt des vorgestellten Modells mit über zehn Jahren relativ weit zurückliegt, hat es dennoch eine große Bedeutung für die Radikalisierungsforschung der heutigen Zeit. Die einzelnen Phasen und Faktoren, die in dem Modell beschrieben werden, lassen sich zum Teil auf den Radikalisierungsprozess in den Sozialen Medien projizieren, was in dieser Arbeit demonstriert werden soll.

2.2 Der Framingansatz nach Benford und Snow und dessen Anwendung auf die Internetpropaganda des Islamischen Staates durch Simon Theine

Die Propaganda des Islamischen Staates ist nicht einfach nur gewaltverherrlichend und zum Krieg aufrufend. Der IS verfolgt vielmehr verschiedene Ziele mit seinen Beiträgen in sozialen Netzwerken. Um die Funktionen der Beiträge zu analysieren, wird auf den Framingansatz nach Benford und Snow zurückgegriffen, welcher durch sogenannte *„Collective Action Frames"*[19] eine strategische Einteilung der Propagandainhalte ermöglicht. Diese Frames können nach dem Ansatz drei verschiedene Aufgaben haben: Die Ausmachung und Zuweisung eines Problems (*„diagnostic framing"*), die Entwicklung einer Strategie zur Problemlösung (*„prognostic framing"*) und die Aufforderung zum Handeln (*„motivational framing"*).[20]

Wie entstehen diese Frames? Um diese Frage zu beantworten, müssen zunächst die Prozesse veranschaulicht werden, aus denen sie sich letztlich entwickeln. Benford und Snow unternehmen hierfür eine Einteilung in diskursive, strategische und strittige Prozesse. In diskursiven Prozessen wird unterschieden zwischen *frame articulation* und *frame amplification*. Ersteres erfüllt vor allem den Zweck, Erfahrungen mit Ereignissen so zu verknüpfen, dass daraus eine Einheit entsteht, die eine völlig neue Sichtweise auf die Thematik ermöglicht, während letzteres nachfolgend darauf zielt, aussagekräftigere Ereignisse, Glaubensvorstellungen oder Problematiken der *Collective Action Frames* in den Vordergrund zu rücken.[21] Nach Benford und Snow sind die Bündelung und Verstärkung bestimmter Ereig-

---

[19] Benford; Snow, (2000), S. 613.
[20] Ebd., S. 615.
[21] Vgl. ebd., S. 623.

nisse und Erfahrungen ausschlaggebend für die Entwicklung und Ausarbeitung der Frames, mehr noch als die Inhalte selbst.[22]

Zu den strategischen Prozessen zählen diejenigen Strategien, die den Zweck haben, die Gruppe potenzieller Unterstützer und Sympathisanten zu vergrößern. Eine dieser Strategien beinhaltet die Verknüpfung von Frames, die sich zwar in ihren ideologischen Aspekten ähneln, nicht aber in ihrer Struktur (*„frame bridging"*).[23] So kann die Aufmerksamkeit eines größeren Kreises von Unterstützern gewonnen werden, da sie durch ideologische Gemeinsamkeiten an die Thematik der Gruppe herangeführt werden. Auch *frame amplification* kann strategischen Zwecken dienen, wenn Glaubensvorstellungen und Werte kulturell so ausgeschmückt werden, dass sie bei der Zielgruppe *frame alignment* erzeugen.[24] Je größer der Zusammenhang zwischen Glauben beziehungsweise Werten der potenziellen Unterstützer und der Frames der jeweiligen Bewegung ist, desto höher ist die Wahrscheinlichkeit, dass sie die Frames der Gruppe annehmen.

Die dritte von Benford und Snow angeführte Strategie hat ebenfalls zum Ziel, die Interessengruppe zu erweitern und neue Rekruten zu gewinnen. Bei der sogenannten *„frame extension"*[25] werden die Frames der Bewegung so dargestellt, dass sie über ihr vordergründiges Interesse hinausgehen, um flexibel gestaltet zu sein für weitere Interessen der möglichen Unterstützer. Dies kann jedoch auch Nachteile nach sich ziehen, da die Frames zu stark von der puristischen Einstellung, die die Gruppe verkörpern will, abweichen könnten.

Frame transformation ist ein Prozess, bei dem ältere Frames mit neuen Interpretationen versehen werden.[26] In den Untersuchungen zu dieser Arbeit konnten keine Nachweise für diesen Framing-Prozess ausgemacht werden, weshalb er nur der Vollständigkeit halber an dieser Stelle erwähnt wird.

Strittige Prozesse bilden die letzte Art von Prozessen. Sie können die positive Resonanz auf die Frames der Gruppe vermindern, indem äußere oder innere Einflüsse auf die Aussagekraft der Frames einwirken. Das können sowohl der Bewegung kritisch gegenüberstehende Personen oder Gruppen sein als auch die Medi-

---

[22] Vgl. ebd., S. 624.
[23] Vgl. ebd.
[24] Vgl. ebd.
[25] Ebd., S. 625.
[26] Vgl. ebd., S. 625.

en, die die gegebenen Frames anders beziehungsweise mit neuen Interpretationen aufladen. Zu den inneren Einflüssen zählen Gruppenmitglieder, die einzelnen Frames widersprechen, da sie ihrer Meinung nach nicht den ursprünglichen Werten der Bewegung entsprechen.[27] Diese Umstrittenheit kann durch die oben genannte *frame extension* entstehen, die vor allem dann negativ anstoßen kann, wenn die Gruppenmitglieder die Werte, die sie von der Bewegung überzeugt haben, in Gefahr sehen.

Wie bereits erwähnt zielen die genannten Prozesse darauf, eine möglichst große Interessengruppe anzusprechen. Die Reichweite der *Collective Action Frames* hängt von der Flexibilität ihrer Interpretationen ab. Je universeller das Problem ist, desto mehr potenzielle Unterstützer werden angesprochen und desto schneller erfolgt die Verbreitung.[28] Die einzelnen Frames erzeugen eine Resonanz, die je nach Zielobjekt der Gruppe unterschiedlich ausfallen kann. Stehen die Frames zum Beispiel in einem islamischen Kontext, ist es absehbar, dass sie vor allem die Aufmerksamkeit von Muslimen auf sich ziehen. Die Resonanz ist abhängig davon, ob der Frame glaubwürdig erscheint und empirisch überprüfbar ist, aber auch der Sprecher, also der Urheber der Aussage innerhalb eines Frames muss glaubhaft sein, was zum Beispiel von seiner Position und nachweisbarem Wissen über das Thema ableitbar sein kann.[29] Auch die Argumentation innerhalb des Frames muss nachvollziehbar und in sich stimmig sein, um positive Resonanz und letztendlich Handeln hervorrufen zu können. Hierbei dürfen keine Diskrepanzen zwischen dem Handeln der Gruppe und den verbreiteten Frames auftreten, da diese der Glaubwürdigkeit schaden würden. Außerdem muss eine gewisse Nähe zum alltäglichen Leben des potentiellen Rekruten vorhanden sein. Wirken die Frameinhalte zu realitätsfern, ist die Motivation zum Handeln nicht gegeben.[30] Das bedeutet, dass sich die Inhalte der Gruppe mit Themen beschäftigen müssen, die das Leben des Individuums tangieren, um ein erstes Interesse zu wecken, so dass es sich mit der Gruppe solidarisiert. Solidarisierung spielt eine große Rolle für die jeweilige Gruppe, da sie zeigt, dass der potenzielle Rekrut sie als Gleichgesinnte akzeptiert. Somit erhöhen sich die Chancen seiner aktiven Teilnahme an den Aktionen der Bewegung.

---

[27] Vgl. ebd., S. 625f.
[28] Vgl. ebd., S. 618.
[29] Vgl ebd., S. 619f.
[30] Vgl. ebd., S. 621f.

Mit Hilfe der Frameanalyse nach Benford und Snow ist es möglich, die Propagandainhalte des IS in Kategorien einzuteilen und diese anschließend auf ihre Entwicklung hin zu untersuchen. Der Islamische Staat sieht sich bei der Rekrutierung mit vielen Problemen konfrontiert, die sich zum Beispiel durch die Gegenpropaganda der westlichen Medien ergeben. Die Frames müssen also angepasst und weiterentwickelt werden, um weiterhin Resonanz zu erzeugen. Die Frameanalyse hilft dabei, diese Entwicklungen nachvollziehen zu können.

Auch Simon Theine greift in seinen Untersuchungen unter anderem auf den Framingansatz nach Benford und Snow zurück.[31] Ihm steht eine Vielzahl von Videos, Bild- und Textdateien, sowie Interviews zur Verfügung, mit Hilfe derer er einen Ansatz entwickelt, um die Propaganda des Islamischen Staates im Internet auf ihre Entwicklungen und Resonanz zu untersuchen. Die Frameanalyse nutzt er hierbei, indem er die verschiedenen Beiträge des IS im Internet den drei Aufgaben von Frames zuordnet, dem *diagnostic, prognostic* und *motivational framing*. Die einzelnen Frames lassen sich auch thematisch unterteilen. Theine bezeichnet Frames, in denen Verbrechen gegen sunnitische Muslime genannt werden, als ‚Opferframes'. Diese gehören laut Theine dem *diagnostic framing* an, ebenso wie der ‚Frontstellungsframe', in dem jeder als Feind ausgemacht wird, der sich nicht dem Islamischen Staat anschließt.[32] Dem *prognostic framing* ordnet Theine den ‚Dschihadframe' zu, welcher den bewaffneten Kampf als einzige Lösung bezeichnet und dies religiös untermauert.[33] Die letzte Aufgabe, das *motivational framing*, wird von zwei Frames erfüllt. Der ‚Unterstützerframe' enthält Inhalte, die beispielsweise zur *Hiǧra* aufrufen. Hierzu zählen die Erinnerung an die religiöse Pflicht zur *Hiǧra*, um den Muslimen beizustehen, oder die Verherrlichung des Lebens im Islamischen Staat.[34] Der zweite Frame ist der ‚Erfolgsframe', welcher die militärischen und zivilen Erfolge des Islamischen Staats beinhaltet.[35]

Die Einteilung der Frames nach ihrer Thematik ist wichtig, um die Prozessentwicklung der Frames nachvollziehen zu können. Auf diese geht Theine ebenfalls in seinen Untersuchungen ein und stellt dabei fest, dass die verschiedenen Fra-

---

[31] Vgl. Theine (2016), S. 19ff.
[32] Vgl. ebd., S. 39f.
[33] Vgl. ebd., S. 42.
[34] Vgl. ebd., S. 43ff.
[35] Vgl. ebd., S. 45f.

mes aufeinander aufbauen. Zum Beispiel enthüllen die Inhalte des ‚Opferframes', die die sunnitischen Muslime als Opfer von Attacken aus aller Welt hervorheben, gleichzeitig den Feind im ‚Frontstellungsframe', der für diese Attacken verantwortlich sei. Daraus wiederum lässt sich der Aufruf zur obligatorischen Pflichterfüllung des Schutzes der Glaubensgenossen ableiten (‚Unterstützerframe').[36] Dies ist Teil der *frame amplification*, die Theine als besonders stark vertretenden Prozess des *frame alignment* sieht, ebenso wie das *frame bridging*, während er keine Nachweise für die Prozesse der *frame extension* und *frame transformation* findet.[37]

Bezüglich der Resonanz kommt Theine in seiner Arbeit zu dem Ergebnis, dass diese sehr stark von den persönlichen Eigenschaften des potenziellen Rekruten abhängt. Dazu zählt vor allem der kulturelle Hintergrund.[38] Gibt es keine Überschneidungspunkte zwischen den Frames und dem alltäglichen Leben des Individuums, ist eine Rekrutierung höchst unwahrscheinlich. Generell zielt das *frame alignment* zunächst nur darauf ab, Sympathie zu erzeugen, die dann schließlich durch weitere Indoktrinierung und Abschottung von der Gesellschaft in aktive Unterstützung münden soll.

Wie Simon Theine bereits erkannt hat, zeigt der Framingansatz nach Benford und Snow nur auf, wie Unterstützer für die Bewegung beworben werden können.[39] Im Falle des Islamischen Staates bleiben jedoch weitere Fragen zum Rekrutierungsprozess offen, die nicht allein mit der Frameanalyse beantwortet werden können. Denn die Rekrutierungsmechanismen rufen nicht nur Sympathien für die Gruppe hervor, sondern sie können junge Menschen dazu bewegen, sich selbst in Gefahr zu begeben, um in ein Kriegsgebiet zu reisen und dort zu leben. Die Kombination von Frameanalyse und Radikalisierungsmodell soll einen Versuch erzeugen, die hohe Erfolgsquote der Rekrutierungsmechanismen des IS zu erklären.

---

[36] Vgl. ebd., S. 65.
[37] Vgl. ebd., S. 70.
[38] Vgl. ebd., S. 58.
[39] Vgl. ebd., S. 26.

2.3 Datenmaterial

Seit dem Jahr 2014, in dem das Kalifat ausgerufen wurde, wurden die Sozialen Medien geradezu überschwemmt mit der Propaganda des Islamischen Staates. Die große mediale Aufmerksamkeit, die daraus folgte, sorgte dafür, dass massiv gegen die Onlinepropaganda vorgegangen wurde durch die Betreiber der Plattformen, auf denen sie verbreitet wurde. Das betrifft vor allem die großen und bekanntesten Websites Twitter, Facebook, YouTube und Instagram. In der Folge wurden unzählige Accounts, die in Bezug zum Islamischen Staat standen oder seine Propaganda teilten, gelöscht. Zwar gibt es immer noch viele Hinweise darauf, dass die Propagandamaschinerie des IS auch weiterhin läuft, sie spielt sich aber aufgrund drohender Sperrungen nun immer mehr im Verborgenen, insbesondere im Dark Web ab. Die für diese Arbeit erforderliche Recherche nach Primärquellen wurde durch die neuen Strategien und Techniken stark erschwert, weshalb zum Teil auf bereits in der Sekundärliteratur untersuchte Online-Beiträge, die mittlerweile in den meisten Fällen im Original nicht mehr verfügbar sind, zurückgegriffen wird. In der Fachliteratur finden sich viele Fallbeispiele, sowie Bilder, Videos und sonstige Beiträge des IS und seiner Unterstützer in den Sozialen Medien dokumentiert.

Eine wichtige Quelle ist die Seite des *Clarion Projects*, auf der online gestellte Materialien ǧihādistischer Organisationen für Forschungszwecke zur Verfügung gestellt werden.[40] Das Projekt offenbart fundamentale Einblicke in die Propaganda des Islamischen Staates. Die Beiträge sind als Videos oder PDF-Dateien auf der Seite hochgeladen, hierunter finden sich insbesondere die „*Dābiq*"-Magazine, eines der wichtigsten Rekrutierungswerkzeuge des IS.

Um einen Überblick über die empirischen Nutzeraktivitäten des Islamischen Staates und seiner Unterstützer auf dem für den IS besonders beliebten Propagandainstrument Twitter zu erhalten, wird auf die Studie „The ISIS Twitter Census"[41] zurückgegriffen. Die Studie beinhaltet Daten zur Twitter-Nutzung von etwa 20 000 Accounts, die als Unterstützer des Islamischen Staates ausgemacht wurden,

---

[40] Clarion Project. URL: https://clarionproject.org/ (abgerufen am 10. September 2019).
[41] Berger, J. M.; Morgan, Jonathan (2015): The ISIS Twitter Census. Defining and Describing the Population of ISIS Supporters on Twitter. In: The Brookings Project on US Relations with the Islamic World, Vol. 3, Nr. 20.

im Zeitraum von September bis November 2014.[42] Dies entspricht dem Jahr, in dem das Kalifat ausgerufen wurde und in dem daraus resultierend die Online-Aktivität der User zu diesem Thema besonders hoch war. Die Studie enthält viele Statistiken, die für diese Arbeit relevant sind, beispielsweise zum Versenden von Tweets[43], zur Anzahl der Follower[44] und zu häufig verwendeten Hashtags[45].

Neben den empirischen Studien und den wissenschaftlichen Quellen, soll abschließend noch ein Fallbeispiel dargestellt werden, das tiefe Einblicke in die Ausmachung potenzieller Rekruten und Überzeugungsstrategien der Mitglieder des Islamischen Staates gewährt. Die französische Journalistin und Autorin Anna Erelle[46] hat sich als konvertierte Muslimin mit dem Namen Melodie ausgegeben und mit einem Pseudo-Account die Aufmerksamkeit eines hochrangigen IS-Mitglieds, welcher sich Abu Bilel al-Firansi nennt, im sozialen Netzwerk Facebook auf sich gezogen. Von diesem erhielt sie wichtige Informationen zum Leben im Kalifat und besonders zur Situation weiblicher IS-Anhänger. Die Ergebnisse unzähliger Skype-Chats und sonstigen Online-Aktivitäten hat sie in ihrem Werk „Undercover Dschihadistin – Wie ich das Rekrutierungsnetzwerk des Islamischen Staats ausspionierte"[47] veröffentlicht. Die Aussagen Abu Bilels, die Erelle in ihrem Buch zitiert, sind beispielhaft für die Rekrutierungsstrategie des Islamischen Staates und sollen daher in dieser Arbeit miteinbezogen und analysiert werden.

Die hier vorgestellten Materialien ermöglichen zusammen mit den oben genannten Theorien zur Radikalisierungs- und Rekrutierungsforschung eine detaillierte Analyse der Strategien des Islamischen Staates zur Gewinnung von Unterstützern und neuen Mitgliedern und liefern somit die Grundlage zur Beantwortung der Fragestellung, wie es dem IS gelingt, junge Menschen aus sicheren Ländern dazu zu bewegen, in ein Kriegsgebiet zu reisen, um dort zu leben.

---

[42] Vgl. ebd., S. 9.
[43] Vgl. ebd., S. 28.
[44] Vgl. ebd., S. 30.
[45] Vgl. ebd., S. 20.
[46] Bei dem Namen Anna Erelle handelt es sich um ein Pseudonym, um die Identität der Journalistin zu schützen, gegen die der Islamische Staat eine *Fatwā* erlassen hat.
[47] Erelle, Anna (2016): Undercover Dschihadistin. Wie ich das Rekrutierungsnetzwerk des Islamischen Staats ausspionierte. München.

3 Die Inhalte der Beiträge des Islamischen Staates

Dieses Kapitel befasst sich mit den Narrativen, die der IS in den sozialen Medien verbreitet, um neue Sympathisanten und Unterstützer für sich zu gewinnen. Die Einteilung erfolgt über die Inhalte der Propaganda, die sich zu verschiedenen Überschriften zusammenfassen lassen. Diese wiederum lassen sich den im ersten Kapitel genannten Aufgaben von *Collective Action Frames* zuteilen, welche auch Theine für seine Arbeit genutzt hat, um die Propaganda des IS zu untersuchen. Der Fokus dieser Arbeit liegt nicht auf den gewaltverherrlichenden Beiträgen, die in Massen vom IS produziert werden, sondern auf den Inhalten, die das Gemeinschaftsgefühl stärken sollen, um junge Muslime als neue Bewohner des Kalifats anzuwerben.

3.1 Feindbilder und Opferrolle der Muslime

Der erste Schritt bei der Rekrutierung ist dadurch gekennzeichnet, dass ein Grund aufgezeigt werden muss, der ein Individuum dazu bringt, sich näher mit einem Thema zu beschäftigen. Er muss möglichst schockierend sein, um Aufmerksamkeit zu erregen, und bestenfalls muss das Individuum einen persönlichen Bezug zu der Thematik herstellen können. Diese schockierenden Beiträge übernehmen nach Benfords und Snows Theorie die Aufgabe des *diagnostic framing*, sie machen also auf eine Problematik aufmerksam.[48] An dieser Stelle wird auf die Einteilung Theines in „Opferframe" und „Frontstellungsframe" zurückgegriffen[49], da sich die dazu gehörenden Inhalte als wichtigen Faktor in der Propaganda des Islamischen Staates erweisen.

Im Unterstützernetzwerk finden sich viele Beiträge, die die Muslime als Opfer der westlichen Politik darstellen. Das Aufzeigen von Anschlägen gegen Muslime kann bei dem Betrachter starke Emotionen auslösen wie Mitleid und Ungerechtigkeit. Besonders Muslime, die in Europa leben und schon oft mit Rassismus konfrontiert wurden, könnten so ein wachsendes Bewusstsein für die Situation ihrer Glaubensgenossen in Krisengebieten entwickeln und das Land, in dem sie leben, immer mehr als Feind betrachten. Somit erhöht sich die Wahrscheinlichkeit, dass sie sich tiefergehend mit derartigen Beiträgen beschäftigen. Sie klicken sich durch

---

[48] Vgl. Benford; Snow, (2000), S. 615.
[49] Vgl. Theine (2016), S. 39ff.

unzählige Videos, liken und teilen Beiträge und ziehen dadurch die Aufmerksamkeit radikaler Islamisten auf sich. Diese Vorgehensweise kennzeichnet die erste Stufe des Radikalisierungsmodells nach Wictorowicz[50], auf der ein Individuum entweder durch ein prägendes Ereignis in seinem Leben oder durch die Medien, die täglich über die Situation in Syrien und im Irak berichten, anfängt sich intensiv mit der Thematik auseinander zu setzen. Auch die Gruppe und ihre Unterstützer können mit ihren Beiträgen in sozialen Medien dafür sorgen, dass der Rezipient durch schockierende oder emotionale Bilder Mitgefühl für die Muslime in den Krisengebieten entwickelt. Als Beispiel seien hierfür Inhalte genannt, die das Leid muslimischer Kinder nach Angriffen der Feinde des Kalifats abbilden. Das Bild einer zerstörten Säuglingsstation kursierte auf Facebook (siehe Anhang 2). Es enthielt die Überschrift: „Guten Morgen Muslime. Das waren Luftangriffe vor ein paar Tagen auf die Stadt Al-Bukamal City in Syrien auf eine Babyklinik von der Koalition des Westens (USA, England, Jordanien usw.)." Hier findet sich eine eindeutige Schuldzuweisung an vor allem westliche Mächte wieder, die vermeintlichen Täter werden direkt genannt. Die Ansprache „Guten Morgen Muslime" hat hierbei zwei Funktionen. Einerseits stellt die alltägliche Begrüßung ein Paradoxon dar zum brutalen Bild der Zerstörung, welches auf sie folgt. Andererseits soll die Ansprache als Muslime darauf hinweisen, dass die Betrachter dieses Beitrags zur Gemeinschaft aller Muslime gehören ebenso wie die Opfer der Luftangriffe. Somit wird an ihre Pflicht appelliert, die *Ummah* zu schützen und sich gegen den Feind, welcher oftmals die Regierung des Landes ist, in dem der Betrachter lebt, aufzulehnen. Die von Theine angeführten Opferframe und Frontstellungsframe stehen bei diesem Facebook-Beitrag in einer Wechselwirkung zueinander. Das Bild, welches dem Betrachter zuerst auffällt, verkörpert den Opferframe, da es das Leid der Kinder in einer syrischen Stadt darstellt. Die dazugehörige Überschrift dient dazu, einen Verantwortlichen für das abgebildete Leid zu finden und somit den Feind an den Pranger zu stellen. Ob der Angriff auf die Säuglingsstation tatsächlich von der ‚westlichen Koalition' ausgeführt wurde, lässt sich anhand des Beitrages nicht überprüfen, was seiner Glaubwürdigkeit schaden kann. Die Wahrscheinlichkeit, dass derartige Beiträge eine positive Resonanz bei dem potenziellen Rekruten erzeugen, ist nur dann hoch, wenn die Organisation des Islamischen Staates

---

[50] Vgl. Wiktorowicz, Quintan (2004), S.7f.

bereits sein Vertrauen erlangt hat, sodass eine Überprüfung der Aussage gemäß ihrem Wahrheitsgehalt ausbleibt.

Die Wichtigkeit des Feindbildes in der IS-Propaganda lässt sich auch anhand der Dialoge der Journalistin Anna Erelle mit dem IS-Mitglied Abu Bilel al-Firansi ausmachen. Neben dem Aufzählen von Gräueltaten des Feindes[51] betont Abu Bilel immer wieder, wie schlecht es für seine Chatpartnerin sei, im Land der Ungläubigen, der *Kuffar*, zu leben: „Es ist mir unerträglich, dass du auch nur noch einen Tag fern von mir inmitten all dieser Sünde lebst."[52] Im weiteren Verlauf der Dialoge lässt sich eine Steigerung der Aggressivität gegenüber dem Westen erkennen, die darin gipfelt, dass er Melodie dazu bringen will, ihre eigene Mutter als Feindin anzusehen: „Und das macht deine Mutter automatisch zu deiner Feindin. Sie gehorcht nicht den Gesetzen, also nicht den islamischen. Folglich schuldest du ihr nichts mehr."[53] Dass Abu Bilel diese Aussage erst spät im vermeintlichen Radikalisierungsprozess Melodies trifft, hängt damit zusammen, dass es für viele die größte Überwindung kostet, die eigene Familie zurück zu lassen. Hierzu bedarf es einer starken Indoktrinierung, sodass ein Rückzug an dieser Stelle im Radikalisierungsprozess nahezu unmöglich gemacht wird. Das Prägen eines Feindbildes und im Gegenzug die Solidarisierung mit der Organisation sieht Abu Bilel hier in ihrer Endphase. Das bedeutet, er ist sich sicher, dass seine virtuelle Partnerin bald zu ihm kommen und ihr vorheriges Leben hinter sich lassen wird. Dieses Beispiel zeigt deutlich die hohe Relevanz der andauernden Weiterentwicklung und Verschärfung des Feindbildes, die notwendig ist, um ein Individuum dazu zu bringen, in das Kalifat des Islamischen Staates zu reisen. Erst wenn es die ihn umgebene Gesellschaft vollständig ablehnt, sehen sich die Rekrutierenden des IS am Ziel ihrer Arbeit angekommen.

Das oben genannte Beispiel enthüllt jedoch auch, dass die Rekrutierenden einen Strategiewechsel vornehmen, sobald es zu einem privaten Kontakt im Chat kommt. Aussagen wie „Mein Herz blutet, wenn ich höre, dass du dich verstecken musst, um zu beten"[54] gehören nach Theines Einteilung dem Opferframe an und wirken eher mitleidig im Vergleich zu den Aussagen, die oftmals in öffentlichen

---

[51] Vgl. Erelle (2016), S. 61.
[52] Ebd., S. 11.
[53] Ebd., S. 189.
[54] Ebd., S. 49.

Beiträgen in den sozialen Netzwerken getroffen werden. Erelle führt ein anderes Beispiel an aus dem Video eines IS-Mitglieds namens Omar Omsen, der eine extremere Ausdrucksweise wählt: „Ein guter Muslim lebt nicht in einem Land von Ungläubigen. Ihr seid Mörder, wenn ihr nicht dazu beitragt, einen Islamischen Staat aufzubauen."[55] Diese Aussage lässt sich Theines Frontstellungsframe zuordnen. Auch hier wird das Feindbild klar definiert. Während Muslime außerhalb des Kalifats nach dem Beispiel Abu Bilel al-Firansis als Opfer ihrer unislamischen Regierungen angesehen werden, zeigt das Beispiel Omar Omsens deutlich, dass nur Muslime, die dem Kalifat beiwohnen und dabei helfen, es weiter aufzubauen als wahre Muslime und nicht als Feinde angesehen werden. Die unterschiedlichen Ausdrucksweisen in öffentlichen Beiträgen und in privaten Dialogen offenbaren ihre Funktionen. Erstere sollen Aufmerksamkeit erregen und starke Emotionen beim Betrachter auslösen, damit sich dieser näher mit den Themen des IS beschäftigt und das eigene Handeln in Frage stellt. Sie stehen damit am Beginn des Radikalisierungsprozesses. Letztere sollen einfühlsam wirken. Das Individuum soll nicht abgeschreckt werden durch eine zu extreme Wortwahl, sondern sich mit dem, was sein Chatpartner schreibt, identifizieren können, was eine immer stärkere Bedeutung einnimmt, je weiter die Radikalisierung fortgeschritten ist.

In den sozialen Medien haben es sich viele der Mitglieder des Islamischen Staates zur Aufgabe gemacht, über das Leben im Kalifat aufzuklären und Interessenten über die Gegebenheiten dort zu informieren. Einer von ihnen war der unter dem Pseudonym ‚Chechclear' auf Tumblr aktive Israfil Yilmaz, ein ehemaliger niederländischer Soldat, der sich im Mai 2015 dem Islamischen Staat anschloss.[56] Die Blogging-Plattform Tumblr bietet ihren Nutzern die Möglichkeit durch eine Q&A-Funktion Fragen an andere User zu stellen, die diese beantworten und in ihrem Blog veröffentlichen können. Diese Funktion etablierte auch Yilmaz auf seinem Blog, den er Anfang des Jahres 2014 startete und der am 20. November 2015 ge-

---

[55] Ebd., S. 83.
[56] Da Yilmaz' Account gelöscht wurde, ist ein Zugriff auf die ursprüngliche Quelle nicht mehr möglich, weshalb auf den nachfolgend zitierten Artikel verwiesen wird, welcher die Aussagen des IS-Mitglieds präsentiert. Siehe hierzu: Hall, Ellie (15. November 2015): Ask A Jihadi: An ISIS Fighter's Blog About Life in Syria. URL: https://www.buzzfeednews.com/article/ellievhall/ask-a-jihadi-an-isis-fighters-blog-about-life-in-syria (abgerufen am 23. Juli 2019).

sperrt wurde.⁵⁷ Bezüglich des *diagnostic framing* finden sich einige Aussagen in seinem Blog, die vor allem als Rechtfertigung des Krieges dienen aufgrund der Gräueltaten der Feinde an unschuldigen Muslimen. Auf die Frage, wie die aktuelle Situation in Syrien sei, antwortet Yilmaz:

„[...] Regarding the innocent Muslim civilians of Syria and surroundings- Aerial bombing shifts as follows: Mornings – Syrian air raids, Afternoons – Russian air raids, Midnights – Coalition air raids. And people ask themselves why we fight back. Welcome to Syria."⁵⁸

In dieser Antwort werden gleich mehrere Feinde ausgemacht, deren Attacken als Rechtfertigung für den bewaffneten Kampf genutzt werden. Die Anschläge des Islamischen Staates werden als reiner Verteidigungsakt angesehen, der aus Sicht des IS einzig den unzähligen Militäreinsätzen gegen dessen Gebiet geschuldet sei. Die Rechtfertigung der eigenen Attacken hebt eine weitere wichtige Strategie im Rekrutierungsprozess hervor. Sie ist vor allem dann ein wichtiges Element, wenn Aktionen des IS kritische Stimmen in den Medien und insbesondere unter Muslimen wecken.

Einen enormen Anteil an der Darstellung des Feindbildes und der Opferrolle der Muslime in der Propaganda des Islamischen Staates hat das Rekrutierungsmagazin *Dābiq*, welches seit Juli 2014 über die Medienkanäle der Organisation verbreitet wird.⁵⁹ Mittlerweile existieren 15 Ausgaben des Magazins, die sich mit unterschiedlichen Schwerpunktthemen befassen. Betrachtet man den Textkorpus von Theine zum *diagnostic framing*, so fällt auf, dass insbesondere die siebte Ausgabe den Frontstellungsframe bedient.⁶⁰ Bezüglich des *diagnostic framing* fällt in erster Linie auf, dass es laut dem IS nur zwei Seiten gibt, denen man sich anschließen kann, das Kalifat oder die als ‚Kreuzzügler' bezeichneten westlichen Regierungen und ihre Verbündeten.

---

57 Vgl. Mackey, Robert (20. November 2015): A Dutch ISIS Fighter Takes Questions on Tumblr. URL: https://www.nytimes.com/2015/11/21/world/middleeast/a-dutch-isis-fighter-is-taking-questions-on-tumblr.html?_r=0 (abgerufen am 02. September 2019).
58 Hall (15. November 2015).
59 Vgl. Kiefer, Maximilian u.a. (Winter 2016/2017): Westliche Jugendliche im Bann des Islamischen Staates. Radikalisierende Inhalte der IS-Propaganda am Beispiel der Onlinemagazine *Dābiq* und Rumiyah. In: Journal for Deradicalisation. Vol.9, S. 149.
60 Vgl. Theine (2016), S. 141-147.

„The Muslims in the West will quickly find themselves between one of two choices, they either apostatize and adopt the kufrī religion [...] or they perform hijrah to the Islamic State and thereby escape persecution from the crusader governments and citizens."[61]

Das erste *Dābiq*-Magazin erschien kurz nach der Ausrufung des Kalifats. Das bedeutet, dass der IS es nun als Pflicht ansieht, *Hiǧra* zu machen, um nicht mehr unter den unislamischen Regierungen anderer Länder zu leben und um das Kalifat zu unterstützen. Da das Kalifat nun eine physische Existenz vorweisen kann, gibt es laut dem IS keine Rechtfertigung mehr, als Muslim in westlichen Ländern zu leben.

Neben den Angriffen gegen Muslime sehen die Mitglieder des Islamischen Staates auch die westliche Lebensweise als schändlich an. Als Beispiel sei hier die freie Auslebung der Sexualität in westlichen Ländern genannt. Der Islamische Staat prangert diese als unmoralische Entwicklung an und nennt Bestrafungen für Homosexualität und Ehebruch im Kalifat, um hervorzuheben, dass sich die Menschen auch bezüglich ihrer Sexualität an die islamischen Gesetze halten müssen und dass Zuwiderhandlung bestraft wird.[62] Den feindlichen Nationen werden also nicht nur Kriegsverbrechen zur Last gelegt, sondern auch das Scheitern in sozialen Entwicklungen. Für den Radikalisierungsprozess bedeutet dies, dass der Islamische Staat dem potenziellen Rekruten, der bestenfalls bereits Muslim ist, einen Lebensstil bietet, mit dem er sich identifizieren kann. Gerade bei jungen Menschen, die mit einer Vielzahl an Möglichkeiten von Beziehungen in westlichen Ländern konfrontiert werden, ist es möglich, dass sie sich nach einfachen, unmissverständlichen Regeln sehnen. Der IS nutzt dies, um den Feind und dessen mangelnde Kontrolle über soziale Lebensbereiche in ein schlechtes Licht zu rücken und gleichzeitig Werbung für die eigene Sache zu machen. Insbesondere für die Propaganda mit dem Ziel, das Kalifat zu erweitern und neue Bewohner anzuwerben, ist der Vergleich des IS mit der Gesellschaft in anderen Ländern ein förderliches Mittel.

---

[61] Autor unbekannt (2015): *Dābiq*. From Hypocrisy to Apostasy. The Extinction of the Grayzone. Vol. 7, S. 62. URL: https://clarionproject.org/docs/islamic-state-dabiq-magazine-issue-7-from-hypocrisy-to-apostasy.pdf (zuletzt abgerufen am 29. Juli 2019).
[62] Vgl. ebd., S. 42f.

Die Darstellung des Feindbildes und der Opferrolle der Muslime in der Online-Propaganda des IS weist viele verschiedene Facetten auf, die es der Organisation ermöglichen, an unterschiedlichen Stellen im Radikalisierungsprozess anzusetzen. Grundsätzlich ist der IS darauf bedacht, neben dem Erzeugen von Schockmomenten durch das Aufzeigen von Kriegsverbrechen gegenüber Muslimen auch soziale Missstände in westlichen Ländern darzustellen, welche auch das Leben des potenziellen Rekruten tangieren können. Obwohl er die Muslime in diesen Staaten als Opfer der unislamischen Regierungen hervorhebt, stellt er ebenfalls klar, dass es mit der Ausrufung des Kalifats nur noch eine Möglichkeit gibt, ein *Šarīʿa* gerechtes Leben zu führen und erklärt damit die *Hiǧra* als Pflicht eines jeden Muslims. Diese Strategie wird vor allem dafür verwendet, um neue Bewohner für das Kalifat anzuwerben, damit der IS sich weiter als Staat etablieren kann.

3.2 Die Darstellung des IS als Kalifat mit staatlichen Strukturen

Mit der Ausrufung des Kalifats ist eine Narrative der Propaganda besonders stark in den Vordergrund gerückt. Nach der Eroberung großer Teile Syriens und des Iraks ist es dem IS gelungen, staatliche Strukturen, das heißt verschiedene Komitees und Räte, mit denen der IS Sicherheit und Ordnung im Kalifat suggerieren will, in seinem Herrschaftsgebiet zu etablieren, welche er auch für seine Propagandazwecke zu nutzen weiß.[63] Die Darstellung als Staat ist besonders wichtig aus der Sicht des IS, um das Kalifat langfristig aufzubauen und zu erweitern. Die Propaganda hierzu lässt sich in drei Frames aufteilen, die sich dem *prognostic framing* zuordnen lassen.

Ein Großteil der Propagandabeiträge befasst sich mit den religiösen Gesetzen, die im Herrschaftsgebiet des IS angewendet werden. Sie erfüllen die Aufgabe des *prognostic framing*, da sie mit dem Kalifat eine Lösung präsentieren für Muslime, die sich nicht mehr den von Menschen gemachten Gesetzen unterwerfen wollen. Nachdem zu Beginn der Radikalisierung die unislamischen Regierungen als Feind und die westliche Lebensweise als Sünde ausgemacht wurden, muss der potenzielle Rekrut nun davon überzeugt werden, dass die *Hiǧra* zum Islamischen Staat die einzige Lösung sei, um ein frommes Leben nach den islamischen Gesetzen zu

---

[63] Für weitere Informationen zum Staatssystem des Islamischen Staates siehe: Bilal, Ghiath (2015): Der "Islamische Staat": Interne Struktur und Strategie. URL: https://www.bpb.de/politik/extremismus/islamismus/202373/der-islamische-staat-interne-struktur-und-strategie (abgerufen am 05.08.2019).

führen. Die dazugehörigen Beiträge zeigen, wie diese Gesetze im Kalifat umgesetzt werden und lassen sich demnach unter dem Oberbegriff ‚Šarīʿa-Frame' zusammenfassen.

Die siebte Ausgabe des *Dābiq*-Magazins enthält einen Artikel, der die Bestrafungen nach dem Šarīʿa-Gesetz beschreibt.[64] Die Sprache ist stark religiös aufgeladen, außerdem beinhaltet der Artikel einen Ḥadīṯ, der die Umsetzung der sogenannten Ḥadd-Strafen rechtfertigen soll:

„The Messenger (sallallāhu 'alayhi wa sallam) said, 'The implementation of one hadd in the land is better for the people of the Earth than for it to rain forty mornings' [Hasan: Reported by an-Nasā'ī and Ibn Mājah on the authority of Abū Hurayrah]."[65]

Der IS schmückt seine Propaganda mit religiösen Textstellen aus den von allen Muslimen anerkannten religiösen Quellen, Qur'ān und Sunna, um ihr die nötige Glaubwürdigkeit zu verleihen. Wie der Name ‚Islamischer Staat' suggeriert, sieht die Organisation sich selbst als einzige an, die sich gänzlich der Implementierung der Šarīʿa in seinem Herrschaftsgebiet widmet und so ein islamkonformes Leben ermöglicht. Um diesem Status gerecht zu werden, ist es für den IS notwendig, auch in der Rhetorik starke religiöse Quellen wie die oben zitierte einzubauen, die seine Absichten untermauern. Potenzielle Rekruten können sich dadurch bestätigt sehen in ihrer Entscheidung, sich von westlichen Werten abzuwenden und sich dem selbsternannten Islamischen Staat anzuschließen, da dieser aus ihrer Sicht nachweislich die Gesetze der Šarīʿa ausnahmslos befolgt.

Wie Jytte Klausen in ihrem Artikel feststellt, ist ebenso wie in den *Dābiq*-Magazinen auch die Sprache der Twitter-User, die den Islamischen Staat unterstützen, stark religiös untermalt.[66] In den von Klausen erhobenen Daten ist der Anteil an Beiträgen, die religiöse Instruktionen enthalten, besonders groß. Dies ist eine auffallende Beobachtung, da die Vermutung, so Klausen, nahe liegt, dass Twitter vor allem einer lockeren Kommunikation diene und nicht der Verbreitung einer extremen Ideologie.[67] Das hebt den hohen Stellenwert der Indoktrinierung

---

[64] Vgl. *Dābiq*. Nr. 7, S. 42-43.
[65] Ebd., S. 43.
[66] Vgl. Klausen, Jytte (2015): Tweeting the *Jihad*: Social Media Networks of Western Foreign Fighters in Syria and Iraq. In: Studies in Conflict and Terrorism, 38:1; S. 1-22, hier: S. 10.
[67] Vgl. ebd.

in der Radikalisierung hervor. Das Ziel im *prognostic framing*, einen Islamischen Staat aufzubauen und auszuweiten wird dadurch immer wieder in den Vordergrund gerückt und könnte so einer strittigen Prozessentwicklung, die möglicherweise durch *frame extension* zustande kommt, entgegen wirken. Denn durch die stetige Erwähnung religiöser Quellen und Gesetze sowie deren Umsetzung wird versucht, die Seriosität der Organisation unter Beweis zu stellen, auch wenn nicht jeder Beitrag ihrer Unterstützer das angestrebte Ziel zum Ausdruck bringt.

Die religiös aufgeladene Sprache hat noch eine weitere wichtige Funktion im Radikalisierungsprozess. Sie soll unter den IS-Sympathisanten ein Gefühl der Zugehörigkeit verbreiten. In dem vorgestellten Radikalisierungsmodell ist die Darstellung einer Gemeinschaft von Gleichgesinnten in der Gruppe von zentraler Bedeutung.[68] Dieser Aspekt soll anhand der Konversationen Anna Erelles mit Abu Bilel al-Firansi veranschaulicht werden. Al-Firansi verwendet in seinen Aussagen sehr oft Begriffe wie „Schwester"[69] oder „Familie"[70], um den starken Gruppenzusammenhalt der Muslime im Kalifat zu demonstrieren. Dadurch soll das Vertrauen des potenziellen Rekruten gewonnen werden und das Bedürfnis, ebenfalls zu dieser Gemeinschaft zu gehören, verstärkt werden, was eine zunehmende Solidarisierung mit der Organisation und eine Abschottung von der Gesellschaft zur Folge hat. Letzteres wird durch eine Aussage al-Firansis besonders in den Vordergrund gestellt: „Du musst nur eines wissen. Der wahre Islam ist die Wiedereinführung des Kalifats, und die einzige Organisation, die sich ganz diesem Ziel widmet, ist Daisch. Alle anderen sind Ungläubige."[71] Hier wird das Ziel ausdrücklich artikuliert, wodurch diese Aussage eindeutig dem *prognostic framing* zugeordnet werden kann. Im letzten Satz wird dann die Abgrenzung von der Gesellschaft des potenziellen Rekruten fokussiert. Es ist eine klare Einteilung in „Gut" und „Böse". Die Formulierung erweckt den Anschein, dass es keine zweite Meinung hierzu geben kann. Die Organisation beansprucht für sich selbst, die einzige Möglichkeit zu sein, um das festgelegte Ziel zu erreichen. Das Beispiel Abu Bilel al-Firansis betont die Wichtigkeit der Rhetorik bei der Rekrutierung. Der *Šarīʿa*-Frame ist ein wichtiger Bestandteil im Rekrutierungsprozess, da er nicht nur das vordergründige

---

[68] Vgl. Wiktorowicz (2000), S. 10.
[69] Erelle (2016), S. 25.
[70] Ebd., S. 11.
[71] Ebd., S. 89.

Interesse des Islamischen Staates artikuliert, sondern auch möglichen Schwierigkeiten, die durch andere Frames hervorgerufen werden, entgegenwirken soll. Die Umsetzung der *Šarī'a*-Gesetze stellt zwar einen sehr wichtigen Faktor in der Rekrutierung dar, sie allein reicht jedoch nicht aus, um genügend neue Bewohner für das Kalifat anzuwerben, damit es sich dauerhaft als Staat etablieren kann. Dessen ist sich auch der IS bewusst und wirbt daher in unzähligen Propagandamaterialien mit weiteren staatlichen Attributen wie der Sicherstellung der Versorgung seiner Bürger. Diese Inhalte lassen sich zu dem ‚Kalifatsframe' zusammenfassen. Ein Beispiel hierfür ist das am 16. Januar 2015 in englischer Sprache erschienene E-Book *The Islamic State 2015*.[72] Es enthält ein Kapitel über die Dienstleistungen, die der IS seinen Bewohnern zur Verfügung stellt beziehungsweise zur Verfügung stellen wird. Dazu zählen unter anderem die kostenlose Versorgung mit Wasser, Strom und Medizin.[73] Auch eine eigene Währung sei laut dem IS in Planung.[74] Diese sind wichtige Aspekte für die Rekrutierung, da sie dem potenziellen Rekruten demonstrieren, dass es sich bei dem Islamischen Staat nicht um ein kurzfristiges Projekt handele, sondern dass etwas Großes und Besonderes aufgebaut werde, das sich von anderen Organisationen unterscheidet. Der IS betont die Besonderheit seiner erreichten Ziele und vergleicht sich dabei zum Beispiel mit westlichen Staaten: „The Islamic State make all surgeries at #Mosul hospitals free of charge yet in America it will cost you $1200-2000 #JusticeUnderShariah".[75] Für weitere Vergleiche mit anderen Ländern werden sogar Quellen genannt, die die Glaubwürdigkeit der Behauptungen der Anwerber des Islamischen Staates unterstreichen und damit eine positive Resonanz bei den potenziellen Rekruten hervorrufen können.[76] Es folgen einige Tweets von IS-Unterstützern, die die Organisation als besonders umsichtig und großzügig beschreiben sollen, beispielsweise ein Tweet vom User Milk Sheikh @muftimilk: „Sh. al-Baghdadi issued orders to decrease prices for oil products to the citizens & make it free for

---

[72] Vgl. Lombardi, Marco: IS 2.0 and Beyond: The Caliphate's Communication Project. In: Maggioni, Monica; Magri, Paolo (Hg.): Twitter and Jihad: the Communication Strategy of ISIS. Mailand, 2015, S. 83-122, hier: S. 108.

[73] Vgl. Autor unbekannt (2015): The Islamic State 2015, S. 51. URL: https://ia802704.us.archive.org/17/items/TheIslamicState2015-FullEbook/TheIslamicState2015FullEbook.pdf (zuletzt abgerufen am: 06. August 2019).

[74] Vgl. ebd., S. 55ff.

[75] Ebd., S. 52.

[76] Vgl. ebd., S. 53.

poor people."[77] Nach Wiktorowicz' Radikalisierungsmodell kann mit diesen Beiträgen *frame alignment* hergestellt werden. Wie bereits in Kapitel 2.1 festgestellt, kann *frame alignment* von der Gruppe ausgehend erzeugt werden, indem es dem potenziellen Rekruten diejenigen Aspekte aufzeigt, die für dessen Leben förderlich wirken.[78] Das bedeutet, dass sich derartige Inhalte vor allem an diejenigen richten, die bereits mit den Medienaktivitäten der Organisation in Kontakt gekommen sind. Wenn es um finanzielle Hilfsmittel geht, die laut Aussagen der IS-Mitglieder für jeden Bürger zur Verfügung gestellt werden, ist es nachvollziehbar, dass diese Narrative vor allem junge, mittellose Menschen anspricht, die eine soziale Ungerechtigkeit in ihrem Heimatland wahrnehmen und sich deshalb nach einer Veränderung sehnen. Mit dem Aufzeigen einer sicheren staatlichen Versorgung und geradezu barmherzig wirkenden Gesten des Anführers Abu Bakr al-Baghdadi will der IS verdeutlichen, dass diese Problematik in seinem Herrschaftsgebiet nicht existiere.

Im Internet verbreitet der Islamische Staat über seine Unterstützer das Bild eines funktionierenden Staates, in dem neben dem Kriegsschauplatz ein normales und glückliches Leben möglich sei. Das Video „Services of the Subject # 1" ist ein weiteres Beispiel für die Verherrlichung der Zustände im Kalifat. In ihm werden drei Männer interviewt, die die Vorzüge des Lebens dort hervorheben und dazu aufrufen, dorthin auszuwandern.[79] Das Interview mit Augenzeugen, die die Situation vor Ort beschreiben, kann die Glaubwürdigkeit erhöhen und dadurch eine höhere Resonanz bei dem potenziellen Rekruten hervorrufen. Das Bild, welches der IS von sich selbst zeichnet, dient dem *prognostic framing*, da es eine deutliche Verbesserung zum Leben in westlichen Staaten darstellen soll. Es soll vor allem für Muslime, die in ihren westlichen Heimatländern soziale Ungleichheit und auch Diskriminierung erfahren, die passende Lösung für ihre Situation darstellen, da der IS ihnen suggeriert, dass sie sich um alltägliche Bedürfnisse keine Sorgen zu machen brauchen. Vor allem der ständige Vergleich mit anderen Staaten und auch mit der Zeit vor der Herrschaft des Islamischen Staates soll dies unterstreichen, was das Beispiel eines Bildes auf Instagram im Anhang 3 zeigt.

---

[77] Ebd.
[78] Vgl. Wiktorowicz (2004), S. 9f.
[79] Vgl. Zelin (2015), S. 92. Das Originalvideo ist nicht mehr verfügbar, weshalb hier auf die Beschreibung Zelins zurückgegriffen wird.

Neben der Darstellung staatlicher Attribute im ‚Kalifatsframe' finden sich in den Sozialen Medien auch Beiträge, die ein völlig unerwartetes Bild vom Islamischen Staat zeichnen. Auf manchen Bildern sieht man IS-Mitglieder mit Nutella posieren (siehe Anhang 4), andere haben kleine Katzen auf dem Arm (siehe Anhang 5). Diese Selbstinszenierung des Islamischen Staates wirkt zunächst besonders paradox, da er eher mit brutalen, gewaltverherrlichenden Beiträgen assoziiert wird. Allerdings ist auch den IS-Unterstützern bewusst, welche Art von Beiträgen bei Jugendlichen in Sozialen Medien besonders viel Anklang findet. Daraus ergibt sich ein weiterer Frame zu Inhalten, die eine lässige Selbstdarstellung beabsichtigen. Dieser soll im Folgenden als ‚Coolnessframe' bezeichnet werden. Obwohl derartige Beiträge zunächst völlig absurd auf den Betrachter wirken, lässt sich die Strategie dahinter deutlich erkennen. Das Produkt ‚Nutella' wird als ein Luxusgut dargestellt, auf welches die potenziellen Rekruten nicht verzichten müssen, sollten sie sich dem IS anschließen. Es unterstützt das Bild vom normalen Alltag im Kalifat. Die Bilder von Katzen neben Maschinengewehren weisen auf einen Trend hin, der schon lange in den Sozialen Medien herrscht, betrachtet man die enorme Popularität, die Katzenvideos beispielsweise auf YouTube erreichen.[80] Es wird das Porträt eines modernen *Ǧihādisten* gezeichnet, der neben der Einhaltung der strengen religiösen Gesetze trotzdem mit der Zeit gehen kann und die Sozialen Medien für sich zu nutzen weiß. Da diese Beiträge die Normalität und auch die Modernität des Lebens im Kalifat zum Ausdruck bringen sollen, sind sie Teil der Propagandanarrative, die sich der Darstellung eines Ziels beziehungsweise einer Lösung widmen, und haben deshalb die Aufgabe des *prognostic framing*. Der Unterschied zum Kalifatsframe besteht darin, dass der Coolnessframe weniger eine entscheidende, sondern eher eine unterstützende Funktion in der Radikalisierung einnimmt. Er kann sowohl während des *frame alignment* als auch während der finalen Sozialisierung eine Rolle spielen, da seine Inhalte vor allem dafür sorgen sollen, dass sich der potenzielle Rekrut immer stärker mit der Gruppe identifizieren kann. Es geht vor allem darum, dass das Interesse am Islamischen Staat bestehen bleibt.

---

[80] Vgl. Herbstreuth, Mike (15. Dezember 2018): Memes, Gifs und Videos. Der Einfluss der Katzen auf die Geschichte des Internets. URL: https://www.deutschlandfunkkultur.de/memes-gifs-und-videos-der-einfluss-der-katzen-auf-die.1264.de.html?dram:article_id=435974 (abgerufen am 12. August 2019)

Materialismus scheint eine tragende Rolle bei diesem Frame zu spielen, was im Chatgespräch Abu Bilel al-Firansis mit der unter dem Pseudonym ‚Melodie' agierenden Anna Erelle zum Vorschein kommt. „Magst du Waffen? Ich werde dir jede Menge schenken und obendrein eine schöne Kalaschnikow!"[81] Im Chatverlauf geht es oft darum, was al-Firansi beziehungsweise der Islamische Staat den Rekruten zu bieten hat. Waffen scheinen dabei ein beliebtes Produkt zu sein, aber auch Wohnungen und teure Geschäfte zählen zu den Luxusgütern, die vom IS bereitgestellt werden.[82] Wie bei den vorangegangenen Beispielen geht es auch bei diesen Anpreisungen darum, das Interesse aufrecht zu erhalten. Reichtum und Materialismus sind dafür prädestiniert, die Aufmerksamkeit junger Individuen auf den Islamischen Staat zu ziehen. Allerdings können die dem Coolnessframe angehörenden Inhalte auch einen strittigen Prozess nach sich ziehen, wenn die von Benford und Snow beschriebene *frame extension* zu stark ausgearbeitet wird. Für potenzielle Rekruten, die sich von der puristischen Auslebung des Islams angezogen fühlen, könnte ein Übermaß an materiellen Besitztümern sowie die absurde Selbstinszenierung als Katzen- und Nutella-Liebhaber als Abweichung von dem zuvor beschriebenen Ziel eines streng religiösen Gottesstaates angesehen werden und so negative Reaktionen hervorrufen, die auch andere IS-Sympathisanten beeinflussen könnten.

Die verschiedenen Frames, die die Aufgabe des *progostic framing* erfüllen sollen, haben mit der Ausrufung des Kalifats eine neue Bedeutung gewonnen für den Radikalisierungsprozess. Der häufige Vergleich mit anderen Ländern, vor allem was die Versorgung der Bürger betrifft, soll die besondere Rolle des IS hervorheben und auch seine Position in den Sozialen Medien stärken, welche durch die enorme Gegenpropaganda als Reaktion auf gewalttätige Videos und Bilder möglicherweise geschwächt werden könnte. Der IS balanciert hierbei auf einem schmalen Grat, um einerseits nicht die strenggläubigen Muslime, die sich wegen der puristischen Form des Islams für das Kalifat interessieren, von sich zu stoßen, aber trotzdem noch die junge Generation anzusprechen, für die die virtuelle Welt einen immer wichtiger werdenden Faktor darstellt.

---

[81] Erelle (2016), S. 67.
[82] Vgl. ebd., S 11, 159.

3.3 Präsentation des Erfolgs und Aufforderung zur Unterstützung

Das *motivational framing* hat die Aufgabe, den potenziellen Rekruten zur aktiven Partizipation zu bringen.[83] Wenn man die Propaganda mit dem Ziel einer wachsenden Bevölkerung im Kalifat betrachtet, kann man das *motivational framing* in zwei Frames unterteilen. Zum einen handelt es sich dabei um den von Theine erfassten Erfolgsframe.[84] Zu diesem gehören sowohl die Präsentation der Eroberungszüge und der daraus resultierenden Ausweitung des Kalifats als auch Fortschritte im zivilen Bereich, die den Lebensstandard im Herrschaftsgebiet verbessern. Laut Maximilian Kiefer u.a. beinhaltet insbesondere die erste Ausgabe des *Dābiq*-Magazins das Aufzeichnen der militärischen Erfolge. Die Autoren begründen dies mit den folgenden Worten:

„Zum Zeitpunkt der Veröffentlichung (Juli 2014), hatte der IS kurz zuvor, nach seiner raschen territorialen Expansion, sein Kalifat ausgerufen. Zu diesem Zeitpunkt hatte der IS noch keine bedeutende Niederlage erlitten, war noch nicht das Ziel von Luftschlägen internationaler Koalitionen geworden und befand sich zudem in einer finanziell exzellenten Lage."[85]

Die Inhalte dieses Frames haben in erster Linie die Aufgabe die Attraktivität des Islamischen Staates zu erhöhen und dadurch mehr Rekruten zu gewinnen. Nach der Ausrufung des Kalifats geht es darum, es zu legitimieren und das gelingt vor allem durch die Selbstinszenierung als mächtiger, kampferprobter Staat. Für potenzielle Rekruten will der IS ein Abenteuer bieten, ohne dass dabei ein zu großes Risiko eingegangen werden muss. Hierbei stehen sich zwei Radikalisierungsfaktoren gegenüber: Die Sehnsucht nach einem einfacheren Leben, das nicht von komplexen Beziehungen, einer undefinierten Zukunft und Diskriminierung geprägt ist und den Drang etwas Aufregendes zu erleben, das einen aus seinem gewohnten Umfeld entreißt, um neue, ungeahnte Erfahrungen zu machen. Der Islamische Staat versucht diese beiden Aspekte im Erfolgsframe zu vereinen, indem er zum Beispiel die Einfachheit der Eroberung syrischer Militärbasen beschreibt.[86] In Bezug auf den Rekrutierungsprozess soll die dadurch demonstrierte Macht des IS ihn als stark genug darstellen, um die *Ummah* vor feindlichen Attacken schützen

---

[83] Vgl. Theine (2016), S. 43.
[84] Ebd., S. 45f.
[85] Kiefer u.a. (Winter 2016/2017), S. 160.
[86] Vgl. Theine (2016), S. 46

zu können, was dem potenziellen Rekruten ein Gefühl von Sicherheit trotz des andauernden Krieges geben soll.

Außerdem spielt auch bei dem *motivational framing* der religiöse Aspekt eine bedeutsame Rolle. Für den IS bildet der Segen Allāhs das Fundament seines Erfolgs.[87] Dieser gebe ihm die Kraft, die Eroberungszüge fortzusetzen und das Kalifat zu erweitern.

„And so, five years after the blessed operation in Iraq, Allah (taʿālā) granted the Islamic State expansion to Libya, Sinai, and elsewhere, allowing it to easily capture the Coptic crusaders [...] as the Salaf said, 'The reward for a good deed is another good deed.'"[88]

Der Aspekt der Transzendenz soll bei dem potenziellen Rekruten den Eindruck erwecken, der IS sei unbesiegbar und nichts könne die Erweiterung des Kalifats aufhalten. Die religiösen Begründungen für die Erfolge hängen laut dem IS mit seiner Beschaffenheit als einzigen den Gesetzen der Šarīʿa folgenden Staat zusammen.[89] Wie im vorangegangenen Kapitel bereits dargestellt hat die Implementierung der Šarīʿa im Kalifat höchste Priorität für den IS, weshalb er den weiteren Siegeszug als unantastbare Konsequenz für seine aktiven Unterstützer betrachtet.

Ein weiteres Argument, das den Erfolg des Islamischen Staates belegen soll, ist der Treueschwur, *Baiʿa*, den seine Unterstützer bei ihrem Übertritt zur Organisation leisten und der die Ausweitung des Kalifats nachweisen soll. Kiefer u.a. finden in der fünften Ausgabe des *Dābiq*-Magazins ein Beispiel für den angeblich friedlichen Übertritt anderer ǧihādistischer Organisationen zum Islamischen Staat.[90] Die zitierte Textstelle enthält auch den Aspekt der Gemeinschaft, welcher besonders für Muslime, die sich in der sie umgebenen Gesellschaft fremd und ausgeschlossen fühlen, eine tragende Rolle im Radikalisierungsprozess spielt:

---

[87] Vgl. ebd.; Kiefer u.a. (Winter 2016/2017), S. 160.
[88] *Dābiq*, Vol. 7, S. 32.
[89] Vgl. Theine (2016), S. 46.
[90] Vgl. Kiefer u.a. (Winter 2016/2017), S. 161.

„This month, the ranks of the Muslims were further strengthened and unified with the bay'āt of the mujāhidīn in Sinai, Libya, Yemen, Algeria, and the Arabian Peninsula, in addition to the bay'ah of more than 30 Kurdish villages in Wilāyat Halab."[91]

Dies soll auf den potenziellen Rekruten überzeugend wirken, da es illustriert, dass auch andere Gruppierungen mit gleichen Zielen erkannt haben, dass der IS als Einziger stark genug sei, um diese Ziele auch zu erreichen. Außerdem betont es den starken Zusammenhalt unter Muslimen, die derselben Sache dienen. Zusammenfassend lässt sich die Aufgabe des Erfolgsframes dadurch definieren, dass er sowohl die Attraktivität des Islamischen Staates steigern soll als auch das Zugehörigkeitsgefühl des potenziellen Rekruten zu der Gruppe, mit deren Interessen und Zielen er sich im Verlauf des Radikalisierungsprozesses immer stärker identifiziert.

Der zweite Frame, der die Motivation zum Handeln im Sinne des IS geben soll, wird im Folgenden als ‚*Hiǧra*-Frame' bezeichnet. Der Begriff weist auf die Notwendigkeit der *Hiǧra*, also der Ausreise zum Kalifat, hin und nimmt eine entscheidende Stellung in der Rekrutierung ein. Die Formulierungen werden direkter und sind ebenfalls mit religiösen Zitaten geschmückt, was die Dringlichkeit der Mission klar stellen soll.[92] In der Propaganda des IS wird deutlich, dass es nur eine Lösung für alle gläubigen Muslime geben kann und das ist aus seiner Sicht die Unterstützung vor Ort, das heißt im Kalifat. Die Aufforderung wird unmissverständlich artikuliert: „And we call upon every Muslim in every place to perform hijrah to the Islamic State or fight in his land wherever that may be."[93] Der potenzielle Rekrut soll überzeugt werden, dass es keine andere Möglichkeit gebe, um die in der Gruppe anvisierten Ziele zu erreichen. Dies wird auch dadurch gekennzeichnet, dass die Zugehörigkeit zur Organisation von der aktiven Partizipation abhängig ist, wie die folgende Aussage Abu Bilel al-Firansis im Skype-Gespräch mit Anna Erelle hervorhebt:

---

[91] *Dābiq*, Vol. 5, S. 12.
[92] Vgl. Theine (2016), S. 44.
[93] *Dābiq*, Vol. 9, S. 54.

„Das ist gut, aber nicht genug...Sich damit zufriedenzugeben, fünfmal am Tag zu beten und den Ramadan einzuhalten, reicht nicht aus. Ein guter Moslem, so will es der Prophet, sollte nach Syrien kommen und der Sache Gottes dienen."[94]

Hier wird die Solidarisierung mit dem Islamischen Staat auf die Probe gestellt. Die *Hiǧra* sei der einzige Weg für den potenziellen Rekruten, um zu beweisen, dass er die Ideologie des IS teilt und sie als alleinige Wahrheit betrachtet. Es wird ein einfaches Schwarz-Weiß-Denken propagiert, eine explizite Regelung, wer zur Gemeinschaft und wer zum Feind gehört. Es gibt für die Anhänger des IS also keine Rechtfertigung mehr die *Hiǧra* hinauszuzögern oder gar gänzlich zu verweigern.

Des Weiteren versucht al-Firansi seine Chatpartnerin dazu zu bringen, selbst Rekrutierungsarbeit zu leisten und fragt gerade heraus, ob sie Freundinnen hat, die mit ihr gemeinsam die *Hiǧra* vollziehen wollen.[95] Hierdurch soll die Gruppendynamik gestärkt werden. Den Rekrutierenden ist bewusst, dass die Wahrscheinlichkeit eines Rückzugs des Rekruten dadurch gemindert werden kann, wenn er sich in der direkten, nicht nur virtuellen Gesellschaft von Muslimen befindet, die die gleichen Ansichten teilen und das selbe Ziel vor Augen haben. Durch die gemeinsame Handlung wird das Zugehörigkeitsgefühl zur Gruppe gestärkt und die Rekruten fördern sich gegenseitig in ihrem Radikalisierungsprozess. Auch soll durch die Aufforderung zur Anwerbung anderer Muslime bereits eine Möglichkeit aufgezeigt werden, wie der potenzielle Rekrut sich in die Gruppe miteinbringen kann, welche Funktion oder welchen Mehrwert er für die Gruppe hat. Dies soll ebenfalls dazu führen, dass eine eventuelle Ablehnung in der letzten Phase des Rekrutierungsprozesses kein Risiko mehr darstellt.

Der Erfolgsframe und der *Hiǧra*-Frame haben die Aufgabe, durch die Demonstration der Stärke einer von Gott gesegneten Gemeinschaft gleichgesinnter Muslime von einer passiven Unterstützung zu einer aktiven Teilhabe an den Aktionen der Organisation überzugehen und stehen damit am Ende des Radikalisierungsprozesses. War dieser bis hierhin erfolgreich, ist die Wahrscheinlichkeit der finalen Rekrutierung zum Islamischen Staat sehr hoch. Benford und Snow bezeichnen die Handlungsaufforderung als „call to arms"[96], was die finale Phase der Rekrutierung beschreibt. Ein Rückzug würde an dieser Stelle den Ausschluss von der Gruppe

---

[94] Erelle (2016), S. 45.
[95] Vgl. Erelle (2016), S. 71.
[96] Benford; Snow (2000), S. 617.

bedeuten, was zur Folge hätte, dass das Individuum, welches sich von seinem ursprünglichen Umfeld vollständig abgeschottet hat, nun keinen emotionalen Halt mehr findet und sich noch stärker mit den Problemen konfrontiert sieht, die es durch die Zugehörigkeit zur Gruppe zu lösen versuchte.

Dieses Kapitel hat gezeigt, mit welchen Inhalten der Islamische Staat arbeitet, um seine Propaganda in den sozialen Medien möglichst effektiv zu gestalten. Die verschiedenen *Collective Action Frames* lassen sich größtenteils den einzelnen Phasen im Radikalisierungsprozess zuordnen: Zunächst soll durch die Definition der Feind- und Opferrolle auf eine Problematik aufmerksam gemacht werden. Als zweiter Schritt wird die Lösung präsentiert, wobei der IS darauf achtet, einen möglichst großen Interessentenkreis anzusprechen ohne das höchste Ziel, die Ausweitung des *Šarīʿa* konformen Gottesstaates, dabei zu vernachlässigen, was dank der Gegenpropaganda nicht immer gelingt. Zum Schluss wird zur aktiven Teilnahme an den Aktivitäten der Organisation aufgefordert, um den Rekrutierungsprozess abzuschließen. Die in diesem Kapitel aufgeführten Beispiele aus den sozialen Medien, insbesondere die der *Dābiq*-Magazine und der Chatkonversationen zwischen dem IS-Rekrutierenden Abu Bilel al-Firansi und der Journalistin Anna Erelle haben gezeigt, wie der IS die verschiedenen Plattformen für seine Propagandazwecke nutzt.

4 Verbreitungsstrategien über Soziale Medien

Den Anhängern des Islamischen Staates ist bewusst, dass es ihnen im Internet nicht immer möglich ist, ihre Propaganda so zu steuern, dass dem potenziellen Rekruten genau die Inhalte angezeigt werden, die für die Phase des Radikalisierungsprozesses, in der er sich gerade befindet, relevant und förderlich sind. Außerdem sehen sie sich ständiger Gegenpropaganda und einem immer strengeren Vorgehen der Plattformbetreiber gegen ihre verbreiteten extremistischen Inhalte ausgesetzt. Daher haben sie Strategien entwickelt, mit denen sie die verschiedenen Social-Media-Plattformen nutzen können, um trotzdem eine effektive Rekrutierung zu erzielen, was dieses Kapitel veranschaulichen soll. Im Folgenden werden einige wichtige Instrumente des IS für die Verbreitung seiner Online-Propaganda vorgestellt, sowie das Nutzerverhalten seiner Unterstützer.

4.1 Die Nutzung verschlüsselter und unverschlüsselter Plattformen

Um ein effektives Rekrutierungsnetzwerk in den Sozialen Medien aufzubauen, nutzt der Islamische Staat eine große Anzahl an Plattformen im Internet, die ihm verschiedene Möglichkeiten zur Verbreitung seiner Inhalte und zur Kontaktaufnahme zu potenziellen Rekruten und anderen IS-Sympathisanten bieten. Im Fokus stehen hierbei vor allem Sharing-Plattformen wie YouTube, justpaste.it und sendvid.com, verschlüsselte Websites wie die unter IS-Unterstützern besonders beliebte App Telegramm[97] und unverschlüsselte Websites, wozu insbesondere die am weitesten verbreiteten Plattformen Twitter und Facebook gehören. Auf diesen Seiten finden sich drei Gruppen von Nutzern, die am Online-Rekrutierungsprozess beteiligt sind. Hierzu zählen die Mitglieder des Islamischen Staates, die potenziellen Rekruten, also diejenigen Nutzer, die der IS in sein Herrschaftsgebiet locken will, und sonstige Sympathisanten, die den Islamischen Staat und dessen Ansichten zwar unterstützen, aber selbst niemals die *Hiǧra* ins Kalifat vollziehen werden. Sie spielen dennoch eine sehr wichtige Rolle im Rekrutierungsprozess, da sie dafür sorgen, dass die Videos, Bilder und Dokumente, die die Mitglieder des IS hochladen, über die verschiedenen Social-Media-Plattformen verbreitet werden und so eine möglichst hohe Reichweite der Propaganda ge-

---

[97] Vgl. Shehabat, Ahmad; Mitew, Teodor (Februar 2018): Black-boxing the Black Flag. Anonymous Sharing Platforms and ISIS Content Distribution Tactics. In: Perspectives on Terrorism, Vol. 12, Nr. 1, S. 81-99; hier: S. 84.

schaffen wird. Die Sharing-Funktionen der Sozialen Medien geben diesen Sympathisanten die Möglichkeit, aktiv den IS als Vertreter ihrer Interessen zu unterstützen, ohne selbst ein physisches Risiko eingehen zu müssen.[98]

Daneben bieten die Plattformen auch einen sozialen Mehrwert in der Rekrutierung, da es auf ihnen keine Hierarchien gibt.[99] Das bedeutet, dass jeder für seine eigenen Inhalte verantwortlich ist. Jeder Nutzer kann als Konsument und als Produzent in den Sozialen Medien auftreten. Es gibt keinen Anführer, der vorgibt, welche Beiträge verbreitet werden sollen. Arnaboldi und Vidino sprechen lediglich von einem „Choreographen", der versucht, eine Gruppe von Nutzern, „Schwärme" genannt, inhaltlich in eine bestimmte Richtung zu lenken.[100] Dem Choreographen kommt jedoch eher eine Impuls gebende Rolle zu, da der Schwarm durch den radikalen Input in der Gruppe oftmals zunehmend eine Eigendynamik entwickelt, was ihn unabhängig von leitenden Figuren macht. Die Gruppenmitglieder treiben sich gegenseitig an, wodurch die Selbstständigkeit jedes Einzelnen und die Gemeinschaft sowie die Gruppenidentität gestärkt werden.

Das Unterstützer-Netzwerk des Islamischen Staates hat eine dezentralisierte Struktur, was dadurch zum Ausdruck kommt, dass die Schwärme plattformübergreifend agieren. Die User haben auf verschiedenen Websites mindestens einen Account, zu dem sie Gleichgesinnte über die entsprechenden URLs führen, welche sie in ihren Beiträgen teilen.[101] So stellen sie sicher, dass ihr Netzwerk trotz zahlreicher Account-Sperrungen nicht an Stabilität verliert. Das Teilen von URLs kann außerdem dazu beitragen, dass die darin enthaltenen Inhalte nach der Sperrung des Nutzerprofils nicht von den Providern gelöscht werden, da sie nicht direkt mit diesem verbunden sind.[102] Die Löschung der geteilten Datei ist nur durch die Website, auf der sie hochgeladen wurde, möglich.

---

[98] Vgl. Veilleux-Lepage, Yannick (Januar 2016): Paradigmatic Shifts in Jihadism in Cyberspace: The Emerging Role of Unaffiliated Sympathizers in Islamic State's Social Media Strategy. In: Journal of Terrorism Research, Vol. 7 (1), S. 36-51, hier: S. 44.
[99] Arnaboldi, Marco; Vidino, Lorenzo (2015): The Caliphate, Social Media and Swarms in Europe. The Appeal of the IS Propaganda to 'Would Be' European Jihadists. In: Maggioni, Monica; Magri, Paolo (Hg.): Twitter and Jihad: The Communication Strategy of ISIS. Mailand, S. 125-144; hier: S. 131.
[100] Ebd.
[101] Vgl. Weirman; Alexander (2018), S. 11.
[102] Vgl. ebd., S. 9.

Die Rekrutierenden des Islamischen Staates nutzen außerdem URLs von großen Medien, um Gleichgesinnte ausfindig zu machen. Weirman und Alexander haben zwei Artikel von *al Jazeera* zur Situation in Syrien und im Irak als meist geteilte URLs herausgestellt.[103] Hier lässt sich der Prozess des *frame bridging* nach Benford und Snow erkennen. Die Inhalte der geteilten Artikel bedienen den Opferframe und den Frontstellungsframe, die bereits im dritten Kapitel dieser Arbeit analysiert wurden. Sie haben somit die Aufgabe, auf die Problematik der Muslime und ihre Feinde aufmerksam zu machen, offenbaren jedoch noch nicht die radikale Ideologie der Gruppe. So geraten diese Beiträge einerseits nicht in den Propagandafilter der Provider, andererseits entspricht das Teilen solcher Artikel der im Radikalisierungsmodell nach Wiktorowicz vorgestellten Taktik, zunächst nur eine Problemlage darzustellen ohne dabei den extremistischen Gedanken dahinter offenzulegen.[104] User, die diese verbreiteten Beiträge dann nochmals teilen oder kommentieren, könnten von den IS-Mitgliedern als potenzielle Rekruten ausgemacht werden. In der nächsten Phase der Rekrutierung würde dann ein direkter Kontakt über die Social-Media-Website hergestellt werden, um die Ansichten und eventuell den Radikalisierungsgrad des Individuums festzustellen. Die vermeintliche Rekrutierung Melodies durch Abu Bilel al-Firansi folgte genau diesem Muster. Über den gefälschten Account hat Erelle ein Video des Ğihādisten geteilt, woraufhin dieser auf sie aufmerksam wurde und ihr private Nachrichten geschickt hat, in denen er kurze Zeit später darauf hinwies, dass sie die Konversation besser über Skype fortsetzen sollten.[105] Diese Vorgehensweise ist weit verbreitet, da Account-Sperrungen auf den beliebtesten Plattformen Facebook, YouTube und Twitter in den letzten Jahren um ein Vielfaches angestiegen sind. Die verschiedenen Betreiber arbeiten seit 2016 enger zusammen, um extremistische Beiträge und Profile schneller ausfindig zu machen.[106] Dadurch sieht sich der IS gezwungen, kurzfristig möglichst viel Propaganda zu verbreiten, um Gleichgesinnte auf sich aufmerksam zu machen und diese anschließend über sichere, verschlüsselte Plattformen zu indoktrinieren.

---

[103] Vgl. ebd., S. 8.
[104] Vgl. Wiktorowicz (2004), S. 8.
[105] Vgl. Erelle (2016), S. 19-21 und 25-26.
[106] Partnering to Help Curb Spread of Online Terrorist Content (5. Dezember 2016). URL: https://newsroom.fb.com/news/2016/12/partnering-to-help-curb-spread-of-online-terrorist-content/ (abgerufen am 21. August 2019).

Eine der wichtigsten verschlüsselten Plattformen, die der IS für Rekrutierungszwecke nutzt, ist der Messenger-Dienst Telegram. Nachrichten, die über ihn versendet werden, sind verschlüsselt. Außerdem kann man von überall auf der Welt auf den kostenlosen Dienst zugreifen. Er bietet die Möglichkeit, Gruppen zu gründen, unbegrenzt jegliche Arten von Dateien zu verschicken und die Nachrichten mit einem Selbstzerstörungsmechanismus zu versehen.[107] Laut Prucha wird Telegram besonders von den Mitgliedern des Islamischen Staates zum Hochladen ihrer Propaganda genutzt, um sie anschließend durch seine Online-Unterstützer an die populären Plattformen Facebook und Twitter weiterzugeben.[108] Telegram hat als verschlüsselter Messengerdienst zwei Funktionen für die Rekrutierung: Er ist der Ausgangspunkt des Propagandamaterials und der tiefergehenden Indoktrination durch privaten Kontakt in chiffrierten Chats. Allerdings birgt die Anwendung auch einige Risiken in sich, worauf selbst die Medienabteilung des IS mit der Veröffentlichung eines Dokuments hinweist.[109] Da Twitter um ein Vielfaches populärer ist als Telegram sieht der IS die Reichweite seiner Propaganda in Gefahr, sollten sich seine Unterstützer weiterhin auf Telegram zurückziehen. Außerdem sind die Suchfunktionen der Anwendung stark eingeschränkt im Vergleich zu anderen Plattformen: „It is a closed group and reserved to the administrator of the channel; the app does not allow users to actively search for channels; you can only access a channel via a link provided by the channel admin."[110] Das Dokument offenbart ein grundlegendes Problem bei der Online-Rekrutierung des Islamischen Staates. Dieses besteht darin, dass die Rekrutierenden ein Gleichgewicht finden müssen zwischen einer möglichst hohen Reichweite ihrer Beiträge, die potenzielle Rekruten anlocken sollen, und dem Schutz des Unterstützer-Netzwerkes vor Account-Sperrungen durch die Plattformbetreiber. Die Konsequenz einer hohen Reichweite ist auch eine hohe Aufmerksamkeit insbesondere der Gegner des Islamischen Staates, die so wiederum versuchen, seinen Unterstützern das Fundament ihrer Propaganda zu entziehen.

---

[107] Telegram. A New Era of Messaging. URL: https://telegram.org/ (abgerufen am 2. September 2019).
[108] Vgl. Prucha, Nico (Dezember 2016): IS and the Jihadist Information Highway. Projecting Influence and Religious Identity via Telegram. In: Perspectives on Terrorism. Vol. 10, Nr. 6, S. 48-58; hier: S. 51.
[109] Vgl. ebd., S. 55.
[110] Al-Ghazzi, Abu Usama (27. Juni 2016): ya Ansar al-khilafa; la tataqawqa'u fi Telegram. In: Mu'assasat al-Wafa'. Zit. nach: Prucha (2016), S. 55.

Die in diesem Kapitel dargestellten Online-Strategien des Islamischen Staates zeigen auf, dass eine effektive Propagandaverbreitung zur Rekrutierung vor allem durch die kombinierte Nutzung verschlüsselter und unverschlüsselter Websites erzielt werden kann. Der IS sieht sich fortlaufend gezwungen, seine Strategien zu überarbeiten, indem seine Unterstützer zum Beispiel auf andere, weniger populäre Plattformen zurückgreifen, um nicht ins Visier der Betreiber zu gelangen. Durch ein Schneeballsystem, das die anonymen Sharing-Plattformen, verschlüsselte und unverschlüsselte Social-Media-Websites miteinander verknüpft, ist es dem Islamischen Staat gelungen, trotz Gegenmaßnahmen eine fortwährende virtuelle Präsenz zu gestalten, sie zu stärken und auszubauen. Die unzähligen Accounts teilen die hochgeladenen Dateien der Propagandaproduzenten auf den verschiedenen Plattformen, was es den Betreibern erschwert, diese Dateien gänzlich von ihren Seiten zu löschen. Für den Radikalisierungsprozess ist dieses System vorteilhaft, da durch die Verbreitung des Materials auf den populären Seiten leichter junge Muslime angesprochen werden können und diese dann im weiteren Verlauf der Radikalisierung auf verschlüsselten Plattformen nahezu ungestört indoktriniert werden können.

4.2 Account-Promotion, Backup-Accounts und Social Bots auf Twitter

Die Studie von Berger und Morgan zur Nutzung der Social-Media-Plattform Twitter durch die Unterstützer des Islamischen Staates liefert umfassende Daten zu Account-Erstellungen, Tweetaktivitäten und weiteren Online-Strategien der ǧihādistischen Organisation.[111] Sie zeigt auf, welche Begrifflichkeiten besonders häufig in den Nutzernamen oder Beiträgen der IS-Unterstützer vorkommen. Hierzu zählen laut Berger und Morgan beispielsweise *„dawla"* (arabisch für „Staat") und *„baqiyah"* (arabisch für „Warten"), geschlechterbestimmende Namensbestandteile (*„Umm"*, arabisch für „Mutter" und *„Abu"*, arabisch für „Vater") werden ebenfalls sehr häufig verwendet, was zur Folge hat, dass diese Profile wie eine große virtuelle Gemeinschaft wirken.[112] Sie drücken eine Zugehörigkeit aus, auch wenn zu beachten ist, dass nicht alle Nutzer mit den genannten Namensbestandteilen zu den Sympathisanten des IS zählen. Durch derartige Begriffe, die dem Rezipienten immer wieder in den Propagandamaterialien des Islamischen Staates

---

[111] Berger; Morgan (2015).
[112] Vgl. ebd., S. 15.

begegnen, wird ihm die Suche nach Unterstützer-Accounts erheblich erleichtert. Generell bedienen diese sich einer Reihe von Schlüsselwörtern, die einen Bezug zu der Organisation haben.[113] So werden sowohl die Intention als auch wichtige Eigenschaften des IS, die er für die Rekrutierung junger Muslime propagiert, stets in den Vordergrund gerückt.

Berger und Morgan haben das Jahr 2014 als aktivstes Jahr bezüglich der Erstellung von Unterstützer-Accounts ausgemacht sowie den September 2014 als aktivsten Monat.[114] Eine Ursache für die steigende Account-Produktion könnte die Ausrufung des Kalifats sein, die durch die Verbreitung des dazugehörigen Videos Abu Bakr al-Baghdadis viral ging. Nach Berger und Morgan stehen jedoch vor allem die zunehmenden Suspendierungen der Profile durch die Betreiber von Twitter damit im Zusammenhang.[115] Als Gegenmaßnahme tauchten massenhaft sogenannte Backup-Accounts auf, die erst aktiv wurden, als die ursprünglichen Konten gesperrt wurden. Auch hierbei wurde darauf geachtet, dass die Usernamen nur leicht von den vorherigen abwichen, damit sie schneller wiedergefunden werden konnten und das Netzwerk des IS nicht an Stabilität verlor.[116] Auch die noch nicht gesperrten Nutzer warben in ihren Tweets für die aktivierten Backup-Accounts. Dies ist eine Strategie, die es den Medienabteilungen des Islamischen Staates ermöglichte, sein Rekrutierungsnetzwerk mit wenig Aufwand aufrecht zu erhalten und dabei den Anschein zu erwecken, dass die Organisation zumindest in den Sozialen Medien unbesiegbar sei. Die Sympathisanten, welche die IS-Accounts auf Twitter teilten, waren dabei ein wichtiges Instrument und garantierten zum damaligen Zeitpunkt eine andauernde Konsolidierung der Propagandamaschinerie.[117]

Einige Plattformen bieten Funktionen an, durch die den Nutzern nur Profile oder Beiträge angezeigt werden, deren Inhalte häufig von ihnen gesucht wurden. Auch Twitter bietet eine „Who to follow"-Funktion an, die Berger und Morgan für ihre Studie anwendeten. Im Ergebnis stellten sie fest, dass ihnen mit einiger Verzöge-

---

[113] Vgl. Prucha (2016), S. 51.
[114] Vgl. Berger; Morgan (2015), S. 16.
[115] Vgl. ebd., S. 17.
[116] Vgl. Lombardi (2015), S. 88.
[117] Vgl. Veilleux-Lepage (2016), S. 42.

rung weitere ğihādistische Profile per Email vorgeschlagen wurden.[118] Gerade für jüngere Generationen, die sehr viel Zeit in den Sozialen Medien verbringen, kann dies den Einstieg in die Radikalisierung bedeuten. Wenn nach einem zunächst nur zufälligen Besuch eines extremistischen Profils weitere Nutzer und Beiträge dieser Kategorie angezeigt werden, könnte ein Individuum immer mehr in einen Strom aus ğihādistischer Propaganda geraten, was unter Umständen seine Ansichten denen der Organisation näher bringen könnte. Durch das Folgen dieser Accounts macht das Individuum die Rekruten des IS dann auf sich aufmerksam. Es folgt die direkte Kontaktaufnahme.

Neben den Funktionen, welche die Twitter-Website den Rekrutierenden des IS bietet, haben diese eigene entworfen, um ein starkes, gemeinschaftliches Netzwerk zu suggerieren und schneller mehr Propaganda verbreiten zu können, wodurch der IS insbesondere für potenzielle Rekruten attraktiver werden soll. Sogenannte Social Bots sind „small pieces of computer software or third-party services designed to promote content from a Twitter account automatically, without a human being manually sending tweets."[119] Sie zeigen über welche Fähigkeiten die Anhänger des IS im Social-Media-Bereich verfügen und vereinfachen die Verbreitung der Propaganda. Außerdem lassen sich viele Bots inhaltlich zu einer Gruppe beziehungsweise einem Social Botnet zusammenfassen, das von verschiedenen Services aus Beiträge veröffentlicht.[120] Mit diesen Gruppen verhält es sich ähnlich wie mit den Backup-Accounts. Die Löschung aller Social Botnets gleichzeitig ist nahezu unmöglich, was bedeutet, dass auch diese Strategie dabei hilft, die Rekrutierungsmechanismen aufrecht zu erhalten und die Verbreitung der Propaganda ohne Unterbrechungen fortzusetzen.

Für den Islamischen Staat dienen die dargestellten Strategien und Instrumente vor allem dazu, die Fassade eines mächtigen virtuellen Kalifats zu präsentieren.[121] So sichert er sich weiterhin die Aufmerksamkeit der großen Medien und die der anderen Nutzer, die als potenzielle Rekruten in Erscheinung treten können. Trotz

---

[118] Vgl. Berger; Morgan (2015), S. 37; für weitere Informationen zur „Who to follow"-Funktion auf Twitter siehe: About Twitter's Account Suggestions. URL:
https://help.twitter.com/en/using-twitter/account-suggestions (abgerufen am: 22.08.2019).
[119] Berger; Morgan (2015), S. 24.
[120] Vgl. ebd., S. 25.
[121] Vgl. Veilleux-Lepage (2015), S. 45.

der deutlich geringeren Zahl der Sympathisanten und Mitglieder des IS, ist die Aktivität der Nutzer beziehungsweise der Social Bots phasenweise deutlich höher als die seiner Gegner, was auch die Studie von Berger und Morgan offenbart.[122] Danach sind einige Nutzer an manchen Tagen besonders aktiv und verbreiten um ein Vielfaches mehr Tweets als gewöhnliche Twitter-Nutzer. Bezieht man die virtuellen Social Bots mit ein, wirkt der Online-Support noch größer und die Reichweite der Propaganda wird erhöht. Der Islamische Staat setzt auf eine punktierte, sich wiederholende Propaganda und entgeht dabei langfristigen Suspendierungen seiner Anhänger, da durch die verschiedenen Strategien immer neue Accounts aktiviert werden und die Propagandaverbreitung so nicht unterbrochen wird. Der vermeintlich überwältigende Online-Support durch die neuen Techniken, die die sozialen Medien ermöglichen, vermittelt dem Rezipienten das Gefühl, Teil einer großen, scheinbar unbesiegbaren Bewegung zu sein, was eine intensive Solidarisierung mit der Organisation zur Folge haben kann.

4.3 Hashtags und Hashtag-Hijacking

In den sozialen Medien nutzen die meisten User Hashtags, die sich inhaltlich auf ihre Beiträge beziehen, um von möglichst vielen anderen Nutzern gefunden zu werden. Durch Klicken auf den Hashtag in einem Beitrag werden sämtliche Posts, die diesen Hashtag ebenfalls beinhalten, angezeigt und oftmals auch nach Beliebtheit sortiert. Die meistgenutzten Hashtags bilden sogenannte Trends, was bedeutet, dass sie eine hohe Reichweite haben. Der Islamische Staat nutzt diese Technik ebenfalls für seine Propagandazwecke und hat dabei weitere Strategien entwickelt, wodurch die Hashtag-Nutzung noch produktiver für die Rekrutierung eingesetzt werden kann.

Zu den beliebtesten Hashtags der Unterstützer-Accounts des Islamischen Staates gehören die verschiedenen Schreibweisen des Namens der Organisation. Die arabische Schreibweise, also #دولة‌اسلامية („*dawla 'islamiya*") wurde nach Berger und Morgans Studie alleine im September 2014 etwa 40.000 Mal in den Tweets der IS-Anhänger, aber auch seiner Gegner genutzt.[123] Mit der Nutzung dieser Hashtags können die User deutlich machen, dass sich ihr Beitrag zum Beispiel auf die jüngsten Ereignisse im Herrschaftsgebiet des Kalifats bezieht. In ihrer Statistik zu den

---

[122] Vgl. Berger; Morgan (2015), S. 28f.
[123] Vgl. Berger; Morgan (2015), S. 56.

„Top Hashtags" stellen Berger und Morgan dar, auf welche Themen sich die meistgenutzten Hashtags beziehen.[124] Auffällig ist der im Vergleich zu den anderen Themen extrem hohe Anteil IS bezogener Hashtags. Die Präsentation des Islamischen Staates in den sozialen Medien scheint für seine Unterstützer von großer Bedeutung zu sein. Als zweitbeliebtesten Hashtag machen Berger und Morgan den arabischen Begriff für „eilig"(#عاجل) aus.[125] Dieser Hashtag wird auch sehr häufig von offiziellen Accounts, wie @ElwatanNews, dem Profil einer ägyptischen Nachrichtenseite, genutzt.[126] Der Begriff an sich hat keinen direkten Bezug zum IS, was die Reichweite seiner Propaganda vergrößert, da auch Nutzer, die sich bisher nicht mit der Organisation beschäftigt haben, durch den Hashtag auf sie aufmerksam werden könnten.

Das sogenannte Hashtag-Hijacking dient ebenfalls dem Zweck, mehr Aufmerksamkeit in den sozialen Medien für die Beiträge der IS-Anhänger zu schaffen. Veilleux-Lepage definiert den Begriff so: „Hashtag hijacking involves the repurposing of popular and/or trending hashtags by adding those hashtags into unrelated tweets as a means of infiltrating conversations."[127] Ein populäres Beispiel waren die zur Fußballweltmeisterschaft in Brasilien eingeführten Hashtags #WC2014 und #Brazil2014, aber auch andere Hashtags mit einem Bezug zu verschiedenen Fußballmannschaften.[128] Fußball bezogene Hashtags mit ǧihādistischen Propagandabeiträgen zu versehen, ist eine Taktik, die aufgrund ihrer provokanten Absurdität Aufsehen erregt. Mit dieser Strategie versuchen die Anhänger des Islamischen Staates ihre Organisation permanent in den Vordergrund zu rücken. Je mehr Aufmerksamkeit ihr entgegen gebracht wird, desto höher ist die Wahrscheinlichkeit, dass sich unter den Rezipienten potenzielle Rekruten befinden. Auch wenn diese sich möglicherweise zunächst nicht näher mit dem IS befasst haben, können die Propagandabeiträge zu den genannten Hashtags unter Um-

---

[124] Vgl. ebd., S. 20; Figure 9.
[125] Vgl. ebd.
[126] Für ein Beispiel der Hashtagnutzung siehe URL: https://twitter.com/ElwatanNews/status/1165954411014893568 (abgerufen am 02. September 2019).
[127] Veilleux-Lepage (2016), S. 43.
[128] Vgl. Milmo, Cahal (22. Juni 2014): Iraq crisis exclusive: Isis jihadists using World Cup and Premier League hashtags to promote extremist propaganda on Twitter. URL: https://www.independent.co.uk/news/world/middle-east/iraq-crisis-exclusive-isis-jihadists-using-world-cup-and-premier-league-hashtags-to-promote-9555167.html (abgerufen am 26. August 2019).

ständen dazu führen, dass die Betrachter anfangen, sich darüber zu informieren und so in das Visier der Rekrutierenden gelangen. Dabei helfen Hashtags mit Bezug zum Islamischen Staat, die oftmals den Trending Hashtags in einem Beitrag hinzugefügt werden.[129] Der Betrachter, der über einen Fußball bezogenen Hashtag zu dem Tweet gelangt ist, kann über die weiteren Hashtags in dem Tweet neue Propagandamaterialien der Organisation konsumieren. Diese Strategie ähnelt der bereits erklärten „Who to Follow"-Funktion, die einige Plattformen anbieten. Jeder Tweet der über einen Hashtag erreicht wird, kann neue Hashtags enthalten, die zu immer neuen ğihādistischen Beiträgen führen.

Auch die Multilingualität der Hashtags kann den Interessentenkreis erweitern. Sie hat vor allem für die Rekrutierung westlicher Muslime eine hohe Relevanz, da nicht jeder von ihnen die arabische Sprache beherrscht. Außerdem vermittelt sie den Eindruck, dass die Herkunft im Kalifat keine Rolle spielt. Die einzige Voraussetzung ist, dass man ein im Sinne des Islamischen Staates gläubiger Muslim ist und sich für die Sache der Gruppe einsetzt. Dies ist ein wichtiges Element in der Radikalisierung, da die potenziellen Rekruten sich oftmals von der Gesellschaft ausgeschlossen fühlen und auf der Suche nach einer Gruppe sind, mit der sie sich identifizieren können. Laut Berger und Morgan nutzen viele IS-Unterstützer auf Twitter verschiedene Sprachen, um ihre Beiträge den Situationen, die sie schildern, anzupassen, zum Beispiel wenn es um Hinrichtungen westlicher Gefangener geht.[130] Daraus lässt sich schlussfolgern, dass die Anhänger des IS für die Rekrutierung andere Sprachen auch in ihren Hashtags verwenden. Die *Foreign Fighters* spielen hierfür eine wichtige Rolle, da sie die verschiedenen Nationalitäten, die im Kalifat vertreten sind, repräsentieren und die arabischen Hashtags übersetzen oder zumindest in lateinische Buchstaben transkribieren können.

Das Transkribieren der Hashtags ist eine weit verbreitete Methode unter den Ğihādisten. Auf dem Instagram-Account @rumaiys finden sich unter einigen Bildern und Videos IS-bezogene transkribierte Hashtags wie #mujaheed und #baqiyahwatatamadad (siehe Anhang 6). Letzterer wird ebenfalls oft ins Englische übersetzt (#Remaining_and_expanding) und stellt den Slogan des IS dar.[131] Mit diesem Slogan sagt die Organisation aus, dass sie sich als Staat in der Welt

---

[129] Vgl. Veilleux-Lepage (2016), S. 44.
[130] Vgl. Berger; Morgan (2015), S. 14.
[131] Vgl. Bodine-Baron u.a. (2016), S. 6, Tabelle 2.1.

etabliert und die Grenzen ihres Herrschaftsgebietes ausweiten will. Das Etablieren von Slogans kann den Gruppenzusammenhalt stärken und ist das Ergebnis der *frame amplification* nach Benford und Snows Framing-Theorie. Dies ist für die ausschließlich online aktiven IS-Unterstützer von zentraler Bedeutung, da ihnen so das Gefühl vermittelt wird, dass sie sich durch die Nutzung der IS-Hashtags und der damit verbundenen Verbreitung des Propagandamaterials miteinbringen können in die virtuelle Gemeinschaft des Kalifats. So werden sie motiviert, Inhalte weiter zu teilen und auch zu produzieren. Außerdem werden sie dazu aufgerufen, bestimmte Hashtags immer wieder zu teilen, damit diese auf Seiten wie @ActiveHashtags als Trends aufgeführt werden. Bei diesem Profil handelt es sich um einen arabischen Twitter-Account, der täglich die neuesten Hashtag-Trends aufzeigt.[132] So werden weitere potenzielle Rekruten auf die Inhalte der Propaganda des IS aufmerksam gemacht.

Hashtags bieten dem Islamischen Staat eine große Auswahl an Verwendungsmöglichkeiten um ihre Propaganda in den sozialen Medien zu verbreiten und so neue Rekruten zu gewinnen. Durch die Einfachheit der Nutzung und den geringen Aufwand sind weitere Strategien wie das Hashtag-Hijacking entstanden, die der IS für sich zu nutzen weiß. So gelingt ihm durch die Kombination von IS bezogenen und aktuellen Hashtags eine schnelle und effektive Ausweitung der Reichweite seiner Propaganda ohne komplizierte Technologien. Dies ist vor allem am Anfang des Radikalisierungsprozesses eines Individuums wirkungsvoll, da es sich in der Konsequenz der Masse an Propaganda, der es in den sozialen Medien begegnet, eingehend mit der Organisation des Islamischen Staates beschäftigt und mögliche Parallelen zu seinen eigenen Sichtweisen entdecken könnte.

4.4 *The Dawn of Glad Tidings* - Die App des Islamischen Staates

Der Islamische Staat hat neben den üblichen Funktionen der sozialen Medien eine eigene App kreiert, die ihm dabei hilft, seine Inhalte noch schneller und weitreichender auf Twitter zu verbreiten. *The Dawn of Glad Tidings* oder kurz *Dawn* (arabisch „فجر البشائر", *Faǧr Al-Bašā'ir*, siehe hierzu Anhang 7) war seit April 2014 im Google Play Store verfügbar und wurde von mehreren Tausend Twitter-

---

[132] Vgl. Berger, J.M. (16. Juni 2014): How ISIS Games Twitter. The militant group that conquered Iraq is deploying a sophisticated social-media strategy. The Atlantic; abgerufen unter: https://www.theatlantic.com/international/archive/2014/06/isis-iraq-twitter-social-media-strategy/372856/ (abgerufen am 26. August 2019).

Nutzern heruntergeladen.[133] Lädt man diese App herunter, wird man aufgefordert, Zugriffe auf die eigenen Daten zu erlauben, damit die Medienabteilung des Islamischen Staates, welche die App entworfen hat, das Profil der Twitter-Nutzer mit den aktuellsten Nachrichten des Islamischen Staates versehen kann. Ebenso wie die bisher vorgestellten Verbreitungsstrategien infiltriert der IS die Twitter-Accounts seiner Unterstützer mit einer Reihe von Propagandamaterialien, zu denen man wiederum durch URLs oder Hashtags in den Beiträgen gelangt. Die Statistik von Berger zeigt, wie effektiv die App Tweets in kürzester Zeit über die Profile der App-Nutzer verbreitet.[134] Innerhalb weniger Minuten werden über 100 Tweets geteilt. Auch IS-Unterstützer mit einer enormen Anzahl an Abonnenten haben die Wirkungskraft der App erkannt und werben für sie auf ihren Twitter-Profilen, darunter Abu Malik Shaiba Al-Hamad (@shaiba_alhamad) mit etwa 30 000 Abonnenten.[135]

Wie die App funktioniert zeigt der Tweet „We are coming, Baghdad", der über die App am Tag des Einmarsches in Mosul verbreitet wurde. Laut Berger wurden an diesem Tag insgesamt 40.000 Tweets versendet, was den Höhepunkt der App-Nutzung repräsentiert.[136] So wurde das Bild eines bewaffneten Ǧihādisten, der auf die Flagge des Islamischen Staates auf einem Hochhaus blickt, als populärstes Bild in der Anzeige zum Suchbegriff „بغداد" (*Baġdād*) aufgeführt.[137] Das Beispiel verdeutlicht wie effizient die App funktioniert, um IS bezogene Beiträge in kürzester Zeit zu den Top-Trends auf Twitter hervorzuheben. So werden auch Nutzer auf die Beiträge der IS-Unterstützer aufmerksam, die sich für die aktuelle Situation im Nahen Osten interessieren, bisher aber noch keinen Bezug zur Organisation des Islamischen Staates hatten. Die App diente als wichtiges Instrument für die Online-Rekrutierung. Im Fokus stand dabei ihre Eigenschaft als schnellstmöglicher Verbreitungsmechanismus von IS-bezogenen Inhalten, die nicht nur über die aktuelle Lage im Herrschaftsgebiet des Kalifats informierten, sondern auch die

---

[133] Vgl. ebd.
[134] Vgl. ebd.
[135] Vgl. Memri Cyber and Jihad Web (24. April 2014): New Pro-Islamic State of Iraq and Syria (ISIS) 'News' App For Android, Available At Google Play Store.; URL: http://cjlab.memri.org/lab-projects/tracking-jihadi-terrorist-use-of-social-media/new-pro-islamic-state-of-iraq-and-syria-isis-news-app-for-android-available-at-google-play-store/ (abgerufen am 26. August 2019).
[136] Vgl. Berger (2014).
[137] Vgl. ebd.

Rekrutierung vorantreiben sollten. User, die nur zufällig auf einen extremistischen Beitrag, welcher über die App verbreitet wurde, gestoßen sind, können sich durch die darin geteilten Links und Hashtags klicken und so möglicherweise in den Radikalisierungsprozess eintreten.

Die App lässt den Online-Support des Islamischen Staates noch größer wirken, was seine Selbstdarstellung als unbesiegbares virtuelles Kalifat unterstreichen soll. Allerdings war der Erfolg der App nur von kurzer Dauer, da sie im Zuge der „Operation ISIS" oder auch „#Op-ice-ISIS", welche von dem Hacker-Kollektiv *Anonymous* ins Leben gerufen wurde, vom Google Play Store verbannt wurde.[138] Dennoch ist die Entwicklung einer solchen App ein Beweis für die hohe Medienaffinität des Islamischen Staates und seiner Anhänger. Sie zeigt, dass der Islamische Staat versteht, wie er die sozialen Medien nutzen kann, um schnellstmöglich eine große Menge an Propagandamaterialien im Netz verbreiten zu können und eventuelle Restriktionen der Plattformbetreiber zu umgehen, sodass er sein Online-Rekrutierungssystem aufrecht erhalten kann.

Die App sowie die verschiedenen Strategien, die in diesem Kapitel vorgestellt wurden, werden von der Organisation so miteinander kombiniert, dass sich ein breites Spektrum an Rekrutierungsmechanismen gebildet hat, welches sich als große Herausforderung für die Betreiber der Social-Media-Websites herausgestellt hat. Die letzten Jahre haben jedoch gezeigt, dass durch die Zusammenarbeit der Plattformen ein effektiveres Vorgehen gegen die Propaganda des Islamischen Staates realisierbar ist. Die Verbreitungsstrategien sind vor allem für den Beginn der Radikalisierung wirkungsvoll, wenn der potenzielle Rekrut anfängt, sich mit den Narrativen der Organisation zu beschäftigen. Die Masse an Propaganda lässt die Organisation größer und stärker wirken, was sie attraktiver für potenzielle Rekruten macht. Die verschlüsselten Messenger-Dienste dienen im Anschluss der tiefergehenden Indoktrinierung. Dieses Kapitel hat gezeigt, dass der Islamische Staat die verschiedenen Möglichkeiten, die die sozialen Medien bieten, effizient nutzt, um junge Muslime auf sich aufmerksam zu machen und sie möglicherweise sogar zur *Hiǧra* ins Kalifat bewegen kann.

---

[138] Vgl. Shehabat; Mitew (2018), S. 84.

5 Schluss

Die Untersuchungen dieser Arbeit haben gezeigt, dass die schockierenden Gewaltvideos des Islamischen Staates nur einen kleinen Teil des Propagandamaterials ausmachen, welches die Unterstützer der Organisation über die sozialen Medien verbreiten. Vielmehr im Vordergrund für die Rekrutierung über das Netz stehen Inhalte, die eine stärkere Solidarisierung mit der Gruppe nach sich ziehen und das Gemeinschaftsgefühl stärken. Es wurde festgestellt, dass eine Verschärfung des Feindbildes auf jeder Stufe im Radikalisierungsprozess erfolgt, um den potenziellen Rekruten immer stärker von der ihn umgebenen Gesellschaft abzugrenzen und seine Identität mit der Gruppe zu assimilieren. Hierbei helfen auch die Präsentation staatlicher Attribute im Kalifat und eine Selbstdarstellung als lässige Gruppe, deren Mitglieder neben den Kriegsschauplätzen ein normales Leben führen wie auch in westlichen Ländern mit dem einzigen Unterschied, dass im Kalifat die Gesetze der *Šarīʿa* gnadenlos und unter strenger Beaufsichtigung umgesetzt werden.

Es wurde gezeigt, dass das Radikalisierungsmodell nach Wiktorowicz, welches für diese Arbeit herangezogen wurde, trotz seines weit zurückreichenden Veröffentlichungsdatums immer noch eine hohe Relevanz für die Radikalisierungsforschung der heutigen Zeit unter Miteinbeziehung der Wirkung sozialer Medien auf die potenziellen Rekruten hat, ebenso wie die Framing-Theorie nach Benford und Snow. In dieser Arbeit wurde der Versuch unternommen, beide Theorien in Bezug auf die Rekrutierungsstrategien des IS in sozialen Netzwerken miteinander zu kombinieren, was zu folgenden Ergebnissen führte:

Social-Media-Plattformen bieten eine Vielzahl an Funktionen, die der Verbreitung des Propagandamaterials zuträglich sind und in den verschiedenen Phasen im Radikalisierungsprozess angewandt werden können. Funktionen wie das „Who to follow" bei Twitter und das Hashtag-Hijacking erleichtern die Arbeit der Rekrutierenden, da sie so schneller potenzielle Rekruten ausmachen können. Die Narrativen, welche sich bei Benford und Snow zu *Collective Action Frames* zusammenfassen lassen, können den Radikalisierungsphasen nach Wiktorowicz zugeordnet werden. Inhalte, die das Feindbild begründen und eine Einteilung in „Gut" und „Böse" vornehmen gehören dem *diagnostic framing* an und sind vor allem für die Anfangsphase im Radikalisierungsprozess, also dem „congitive opening", von zentraler Bedeutung. Durch sie wird das Ungerechtigkeitsgefühl des potenziellen Rekruten gestärkt und er beginnt sich mehr mit der Thematik zu befassen.

Das *prognostic framing* soll eine Problemlösung darstellen, was insbesondere durch die Darstellung des IS als Staat zum Ausdruck kommt. Während der Radikalisierung sucht das Individuum nach einer (religiösen) Identität und adaptiert dahingehend vor allem diejenigen Aspekte einer Gruppe, die eine Verbesserung seiner Lebenssituation versprechen. Im Falle des Islamischen Staates handelt es sich hierbei um ein klar strukturiertes Reglement durch die Šarīʿa und dem unbeschwerten Leben im Kalifat, in dem die Grundversorgung und weitere Annehmlichkeiten laut Aussagen der IS-Mitglieder gewährleistet werden. Die verschlüsselten Websites spielen hierfür eine zentrale Rolle, da dort eine von den Betreibern ungestörte Rekrutierung stattfinden kann und der Input auf die Beiträge, welche die Organisation und ihre Unterstützer produzieren, beschränkt werden kann. Das hat auch das Beispiel Anna Erelles gezeigt, die mit dem französischen Terroristen Abu Bilel al-Firansi Konversationen über Skype geführt hat und dabei tiefe Einblicke in die Rekrutierungsstrategie des Islamischen Staates erhalten hat.

Das *motivational framing*, welches die Aufforderung zur aktiven Teilnahme an den Gruppenhandlungen enthält, steht am Ende des Radikalisierungsprozesses. Die Indoktrinierung wird weiter über verschlüsselte Websites intensiviert, der Islamische Staat wird aufgrund des göttlichen Segens als unbesiegbar dargestellt, was die vielen Erfolgsberichte in den sozialen Netzwerken belegen sollen. Auch hierfür wissen die Medienabteilungen der Terrororganisation die verschiedenen Online-Strategien zu nutzen und haben durch Social Bots und Backup-Accounts ein riesiges virtuelles Netzwerk geschaffen, was den Support für die Gruppe unendlich wirken lassen soll. Dies kann die Attraktivität des IS für den potenziellen Rekruten erhöhen und ihn von seinen Absichten überzeugen.

Das Zusammenspiel der verbreiteten Narrativen, der verschiedenen Funktionen der Plattformen und den von der Organisation entwickelten Techniken haben dem IS in der Vergangenheit eine hohe Erfolgsquote in der Rekrutierung beschert trotz einiger Schwierigkeiten, die sich durch die Verbreitung von Propagandamaterialien in öffentlichen Netzwerken ergeben. Die Selbstvermarktung als mächtiger, eigenständiger Staat im Internet ist ein wichtiges Merkmal der Rekrutierungsstrategie und hatte wohl großen Anteil an den hohen Zahlen Ausreisender in Richtung des Kalifats. Durch die sozialen Medien ist es dem IS gelungen, geographische Grenzen zu überwinden und ein Gegenbild seiner Organisation im Vergleich zur Darstellung durch die großen Medien vor allem in westlichen Ländern zu schaffen, so dass die Gegenpropaganda zumindest in den ersten Jahren nach der Ausrufung des Kalifats die positive Resonanz kaum mindern konnte.

Doch trotz der großen Resonanz ist den Mitgliedern des IS bewusst geworden, dass nicht alle als rekrutierte Bewohner des Kalifats in Frage kommen, weshalb er Strategien entwickelt hat, die sein Unterstützernetzwerk größer wirken lassen und so die schnelle und effektive Verbreitung seiner Propaganda gesichert.

Die Ergebnisse demonstrieren, dass der Rekrutierungsablauf nur nachvollzogen werden kann, wenn alle Parteien und Strategien in die Untersuchung miteinbezogen werden, das heißt die Sicht des potenziellen Rekruten durch das Radikalisierungsmodell, die Argumente des Rekrutierenden durch die Framing-Theorie und zum Schluss die Verbreitungsstrategien, die der Rekrutierende ebenfalls den einzelnen Phasen der Radikalisierung eines Individuums zuzuordnen versucht. Dem IS ist es gelungen, diese Elemente miteinander zu kombinieren und er hat somit ein Novum in der Geschichte der terroristischen Organisationen geschaffen, da bisher keine so hohe Erfolgsquote in der Rekrutierung über das Internet vorweisen kann.

Literaturverzeichnis

Arnaboldi, Marco; Vidino, Lorenzo (2015): The Caliphate, Social Media and Swarms in Europe. The Appeal of the IS Propaganda to 'Would Be' European Jihadists. In: Maggioni, Monica; Magri, Paolo (Hg.): Twitter and Jihad: The Communication Strategy of ISIS. Mailand, S. 125-144.

Autor unbekannt (2015): Dabiq. From Hypocrisy to Apostasy. The Extinction of the Grayzone. Vol. 7. URL: https://clarionproject.org/docs/islamic-state-dabiq-magazine-issue-7-from-hypocrisy-to-apostasy.pdf (abgerufen am 29. Juli 2019).

Autor unbekannt (2015): The Islamic State 2015. URL: https://ia802704.us.archive.org/17/items/TheIslamicState2015-FullEbook/TheIslamicState2015FullEbook.pdf (abgerufen am 06. August 2019).

Benford, Robert D.; Snow, David A. (2000): Framing Processes and Social Movements. An Overview and Assessment. In: Annual Review of Sociology. Vol. 26, S. 611-639.

Berger, J.M. (16. Juni 2014): How ISIS Games Twitter. The militant group that conquered Iraq is deploying a sophisticated social-media strategy. The Atlantic. URL: https://www.theatlantic.com/international/archive/2014/06/isis-iraq-twitter-social-media-strategy/372856/ (abgerufen am 26. August 2019).

Berger, J. M.; Morgan, Jonathan (2015): The ISIS Twitter Census. Defining and Describing the Population of ISIS Supporters on Twitter. In: The Brookings Project on US Relations with the Islamic World, Vol. 3 (20).

Bilal, Ghiath (2015): Der "Islamische Staat": Interne Struktur und Strategie. URL: https://www.bpb.de/politik/extremismus/islamismus/202373/der-islamische-staat-interne-struktur-und-strategie (abgerufen am 05. August 2019).

Bodine-Baron, Elizabeth u.a. (2016): Examining ISIS Support and Opposition Networks on Twitter. Santa Monica. URL: https://www.rand.org/pubs/research_reports/RR1328.html (abgerufen am 03. Juni 2019).

Erelle, Anna: Undercover Dschihadistin. Wie ich das Rekrutierungsnetzwerk des Islamischen Staats ausspionierte. München, 2016. Aus dem Französischen übersetzt von Bunge, Martina; Hagedorn, Eliane; Reitz, Barbara.

Facebook Newsroom (5. Dezember 2016): Partnering to Help Curb Spread of Online Terrorist Content. URL: https://newsroom.fb.com/news/2016/12/partnering-to-help-curb-spread-of-online-terrorist-content/ (abgerufen am 21. August 2019).

Hall, Ellie: Ask A Jihadi: An ISIS Fighter's Blog About Life in Syria. URL: https://www.buzzfeednews.com/article/ellievhall/ask-a-jihadi-an-isis-fighters-blog-about-life-in-syria (abgerufen am 23. Juli 2019).

Herbstreuth, Mike: Memes, Gifs und Videos. Der Einfluss der Katzen auf die Geschichte des Internets. URL: https://www.deutschlandfunkkultur.de/memes-gifs-und-videos-der-einfluss-der-katzen-auf-die.1264.de.html?dram:article_id=435974 (abgerufen am 12. August 2019).

Kiefer, Maximilian u.a. (Winter 2016/2017): Westliche Jugendliche im Bann des Islamischen Staates. Radikalisierende Inhalte der IS-Propaganda am Beispiel der Onlinemagazine Dabiq und Rumiyah. In: Journal for Deradicalisation. Vol. 9, S. 126-184.

Klausen, Jytte (2015): Tweeting the Jihad: Social Media Networks of Western Foreign Fighters in Syria and Iraq. In: Studies in Conflict and Terrorism, Vol. 38(1), S. 1-22.

Lombardi, Marco (2015): IS 2.0 and Beyond: The Caliphate's Communication Project. In: Maggioni, Monica; Magri, Paolo (Hg.): Twitter and Jihad: the Communication Strategy of ISIS. Mailand, S. 83-122.

Memri Cyber and Jihad Web (24. April 2014): New Pro-Islamic State of Iraq and Syria (ISIS) 'News' App For Android, Available At Google Play Store. URL: http://cjlab.memri.org/lab-projects/tracking-jihadi-terrorist-use-of-social-media/new-pro-islamic-state-of-iraq-and-syria-isis-news-app-for-android-available-at-google-play-store/ (abgerufen am 26. August 2019).

Milmo, Cahal (22. Juni 2014): Iraq crisis exclusive: Isis jihadists using World Cup and Premier League hashtags to promote extremist propaganda on Twitter. URL: https://www.independent.co.uk/news/world/middle-east/iraq-crisis-exclusive-isis-jihadists-using-world-cup-and-premier-league-hashtags-to-promote-9555167.html (abgerufen am 26. August 2019).

Prucha, Nico (Dezember 2016): IS and the Jihadist Information Highway. Projecting Influence and Religious Identity via Telegram. In: Perspectives on Terrorism. Vol. 10 (6), S. 48-58.

Shehabat, Ahmad; Mitew, Teodor (Februar 2018): Black-boxing the Black Flag. Anonymous Sharing Platforms and ISIS Content Distribution Tactics. In: Perspectives on Terrorism, Vol. 12 (1), S. 81-99.

Theine, Simon (2016): Die Rekrutierungsstrategie des IS. Welcher Inhalte und Techniken sich der Islamische Staat im Internet bedient. Marburg.

Veilleux-Lepage, Yannick (Januar 2016): Paradigmatic Shifts in Jihadism in Cyberspace: The Emerging Role of Unaffiliated Sympathizers in Islamic State's Social Media Strategy. In: Journal of Terrorism Research, Vol. 7 (1), S. 36-51.

Weirman, Samantha; Alexander, Arnold (17. Mai 2018): Hyperlinked Sympathizers: URLs and the Islamic State. In: Studies in Conflict and Terrorism. DOI: 10.1080/1057610X.2018.1457204 (abgerufen am 05. September 2019)

Wiktorowicz, Quintan: Joining the Cause. Al-Muhajiroun and Radical Islam. Paper presented at "The Roots of Islamic Radicalism" Conference, Yale University 2004.

Zelin, Aaron Y. (2015): Picture or it Didn't Happen. A Snapshot of the Islamic State's Official Media Output. In: Perspectives on Terrorism. Vol. 9 (4), S. 85-97.

Clarion Project. URL: https://clarionproject.org/ (abgerufen am 10. September 2019).

Twitter. About Twitter's Account suggestions. URL: https://help.twitter.com/en/using-twitter/account-suggestions (abgerufen am 22. August 2019).

Telegram. A new Era of Messaging. URL: https://telegram.org/ (abgerufen am 26. August 2019).

Anhang

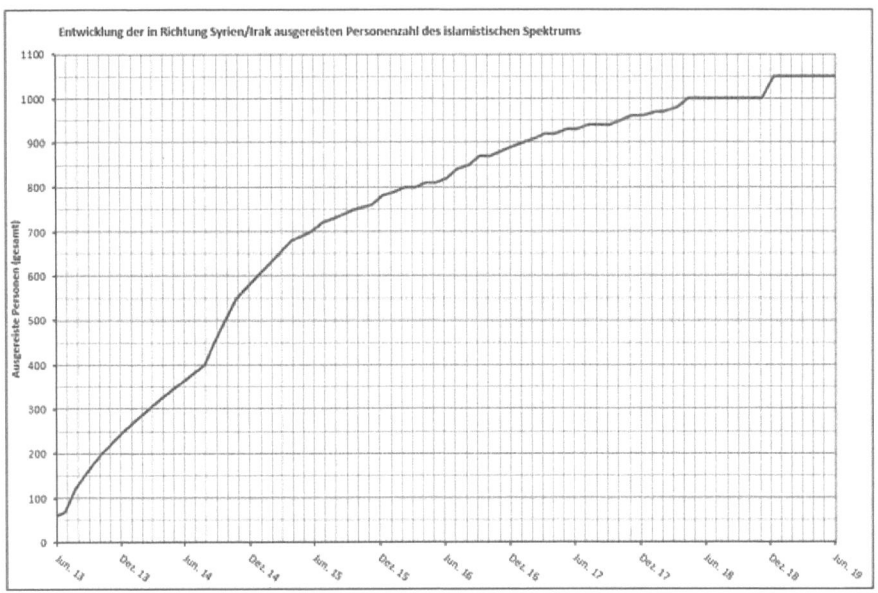

	Jan	Feb	Mrz	Apr	Mai	Jun	Jul	Aug	Sep	Okt	Nov	Dez
2013	*)	*)	*)	*)	50	70	120	*)	170	200	*)	240
2014	270	*)	320	*)	*)	*)	*)	400	450	*)	550	*)
2015	600	*)	650	680	*)	700	720	730	740	750	760	780
2016	790	800	800	810	810	820	840	850	870	870	880	890
2017	900	910	920	920	930	930	940	940	940	950	960	960
2018	970	970	980	1.000	1.000	1.000	1.000	1.000	1.000	1.000	1.000	1.050
2019	*)	*)	1.050	*)	*)	1.050						

Tabelle „Islamistisch motivierte Reisebewegungen in Richtung Syrien/Irak", Stand: 12. Juni 2019
*) keine Angabe, da keine geeigneten statistischen Informationen

Anhang 1: Statistiken des Bundesamtes für Verfassungsschutz zu Ausreisen aus Deutschland in Richtung Syrien und Irak
Quelle: https://www.verfassungsschutz.de/de/arbeitsfelder/af-islamismus-und-islamistischer-terrorismus/zahlen-und-fakten-islamismus/zuf-is-reisebewegungen-in-richtung-syrien-irak (abgerufen am 14. September 2019).

Anhang

Angeblicher Luftschlag auf Neugeborenenstation: IS instrumentalisiert tote und leidende Kinder. (Quelle: Facebook)

Anhang 2: Screenshot eines Facebook-Beitrages (Profil unbekannt): Zerstörung einer Säuglingsstation

Quelle: Jugendschutz.net (Juni 2015) : Kinder als Instrument dschihadistischer Propaganda. Teens werden zu Kämpfern, Henkern und Selbstmordattentätern stilisiert – IS schürt Emotionen im Web. Bundeszentrale für politische Bildung. URL: https://www.jugendschutz.net/fileadmin/download/pdf/IS_Kinder_2015.pdf (abgerufen am 10. September 2019).

Anhang 3: Instagram-Beitrag eines IS-Sympathisanten: Vergleich zwischen „Gefangenschaft" des Islamischen Staates und der westlichen Koalition in Mosul
Quelle: https://www.instagram.com/p/BWW51tWFG47/?utm_source=ig_web_copy_link (abgerufen am 07. August 2019).

Anhang 4: Twitter-Beiträge von IS-Unterstützern: Posieren mit Nutella (Profile unbekannt)
Quelle: https://www.dailymail.co.uk/news/article-2724889/ISIS-goes-nuts-Nutella-Brutal-Jihadists-reveal-bizarre-soft-spot-chocolate-hazelnut-spread.html (abgerufen am 07. August 2019).

"How does this one work?" Huraira needs muaskar

Anhang 5: Twitter-Beiträge von IS-Unterstützern: Bilder von Katzen mit Waffen oder IS-Kämpfern
Quelle: http://english.alarabiya.net/en/variety/2014/06/22/ISIS-fighters-big-on-cats.html (abgerufen am 26. August 2019).

Quelle: https://www.dailymail.co.uk/news/article-3822843/ISIS-declare-fatwa-cat-breeding-begin-hunt-kittens.html (abgerufen am 07. August 2019).

Anhang

Quelle: https://www.dailymail.co.uk/news/article-3822843/ISIS-declare-fatwa-cat-breeding-begin-hunt-kittens.html (abgerufen am 07. August 2019).

Anhang 6: Screenshot eines Bildes vom Instagram-Account @rumaiys: Nutzung transkribierter IS-bezogener Hashtags
Quelle: https://www.instagram.com/p/BbUZXeHhd6f/ (abgerufen am 26. August 2019).

Anhang 7: Screenshot der App *The Dawn of Glad Tidings* im Google Playstore
Quelle: http://cjlab.memri.org/lab-projects/tracking-jihadi-terrorist-use-of-social-media/new-pro-islamic-state-of-iraq-and-syria-isis-news-app-for-android-available-at-google-play-store/ (zuletzt aufgerufen am 26. August 2019).